FARANDOLE

PAR

LE VICOMTE PONSON DU TERRAIL

AUTEUR DE :

La Comtesse de Gramont, la Tour du Roi, les Bohémiens de Londres, les Bohêmes de Paris, Coquelicot, le Testament de Grain-de-Sel, le Trou de Satan, les Chevaliers du Clair de lune, Amaury le Vengeur, la Belle Antonia, les Etudiants de Heidelberg, les Gandins, la Jeunesse du roi Henri, le Serment des Quatre Valets, les Mémoires d'un Homme du Monde, le diamant du Commandeur, les Drames de Paris, les Exploits de Rocambole, le Club des Valets de Cœur, la Revanche de Baccarat, la Dame au Gant noir, les Compagnons de l'Epée, etc.

III

PARIS

L. DE POTTER, LIBRAIRE-ÉDITEUR

RUE FONTAINE MOLIÈRE, 27.

FARANDOLE 1676

NOUVEAUTÉS EN LECTURE.
DANS TOUS LES CABINETS LITTÉRAIRES.

Les Demoiselles de Magasin, par Ch. Paul de Kock, 6 v. in-8.
Bob le Pendu, par Xavier de Montépin, 3 vol. in-8.
Le Bâtard du Roi, par Clémence Robert, 4 vol. in-8.
Les Bohémiens de Londres, par P. du Terrail, 4 vol. in 8.
Le Roi des Rossignols, par Alexandre de Lavergne, 4 vol. in-8.
Les Amoureux d'une honnête Fille, par M. Perrin, 2 v. in-8.
La Dette de Sang, par la Comtesse Dash, 2 vol. in-8.
Les Métamorphoses du Crime, par X. de Montépin, 6 v. in-8.
Coquelicot, par le vicomte Ponson du Terrail, 4 vol. in 8.
Le Mendiant de Tolède, par Molé-Gentilhomme et Constant-Guéroult, 4 vol. in-8.
Les Buveurs d'Absinthe, par Henry de Kock, 6 vol. in-8.
Les Chevaliers de l'As de Pique, par A. Blanquet, 4 v. in-8.
Les Bohêmes de Paris, par Ponson du Terrail, 7 v. in-8.
Crochetout le Corsaire, roman maritime par E. Capendu, 6 v. in-8.
Un Crime Mystérieux, par la Comtesse Dash, 3 vol. in-8.
Les Bateleurs de Paris, par Clémence Robert, 2 vol. in-8.
L'Oiseau du Désert, par Elie Berthet, 5 vol. in-8.
Ecoliers et Bandits, par Edouard Devicque, 4 vol. in 8.
Les trois Hommes Noirs, par Luc-Chardall, 4 vol. in-8.
Le Trou de Satan, par Ponson du Terrail, 3 vol. in-8.
La Famille de Marsal, par Alex. de Lavergne, 7 vol. in-8.
Les Compagnons de la Torche, par X. de Montépin, 5 v. in-8.
Le Chevalier de la Renaudie, par Edouard Devicque, 5 v. in-8.
Les Démons de la Mer, par Henry de Kock, 6 vol. in-8.
La Belle Antonia, par Ponson du Terrail, 3 vol. in-8.
Alain de Tinteniac, par Théodore Anne, 3 vol. in-8.
Le Gentilhomme Verrier, par Elie Berthet, 6 vol. in-8.
La Filleule d'Arlequin, par Maximilien Perrin, 2 vol. in-8.
Noélie, par Eugène Scribe, 4 vol in-8.
Les Chevaliers du Clair de lune, par P. du Terrail, 7 v. in-8.
Amaury le Vengeur, par Ponson du Terrail, 7 vol in-8.
La Maîtresse du Proscrit, par Emmanuel Gonzalès, 4 vol. in-8.
L'Homme Rouge, par Ernest Capendu, 5 vol. in-8.
L'Ame et l'Ombre d'un Navire, par G. de la Landelle, 5 v. in-8
La Sorcière du Roi, par la comtesse Dash, 5 vol. in-8.
Les Sabotiers de la Forêt noire, par E. Gonzalès, 3 vol, in-8.
Le Nain du Diable, par la comtesse Dash, 4 vol. in-8.
Le Ménage Lambert, par A. de Gondrecourt, 2 vol. in-8.
Fleurette la Bouquetière, par Eugène Scribe, 6 vol. in-8.
Le Parc aux Biches, par Xavier de Montépin, 7 vol. in-8.
Les Etudiants de Heidelberg, histoire du siècle de Louis XIV, par le vicomte Ponson du Terrail, 7 vol. in-8.
Les Mystères de la Conscience, par Etienne Enault, 4 v. in-8.
Les Gandins, par Ponson du Terrail, 6 vol. in-8.
L'Homme des Bois, par Elie Berthet, 6 vol. in-8.
Les trois Fiancées, par Emmanuel Gonzalès, 3 vol. in-8.

Pour la suite des Nouveautés, demander le Catalogue général qui se distribue gratis.

WASSY. — IMP. DE MOUGIN-DALLEMAGNE.

FARANDOLE

PAR

LE VICOMTE PONSON DU TERRAIL

AUTEUR DE :

La Comtesse de Gramont, la Tour du Roi, les Bohémiens de Londres, les Bohêmes de Paris, Coquelicot, le Testament de Grain-de-Sel, le Trou de Satan, les Chevaliers du Clair de lune, Amaury le Vengeur, la Belle Antonia, les Etudiants de Heidelberg, les Gandins, la Jeunesse du roi Henri, le Serment des Quatre Valets, les Mémoires d'un Homme du Monde, le diamant du Commandeur, les Drames de Paris, les Exploits de Rocambole, le Club des Valets de Cœur, la Revanche de Baccarat, la Dame au Gant noir, les Compagnons de l'Epée, etc.

III

PARIS

L. DE POTTER, LIBRAIRE-ÉDITEUR

RUE FONTAINE MOLIÈRE, 27.

Droits de traduction et de reproduction réservés

LES CHEVALIERS DE L'AS DE PIQUE

PAR ALBERT BLANQUET

Auteur des *Amours de d'Artagnan*, la *Belle Féronnière*, le *Parc aux Cerfs*, les *Enfants du Curé*, le *Roi d'Italie*, la *Giralda de Séville*, etc., etc.

Ce Roman est un chapitre saisissant de la vie parisienne : les détails les plus curieux, les révélations les plus piquantes sur une vaste association criminelle, une action émouvante, des scènes mystérieuses et terribles, toujours prises sur nature ; une donnée des plus originales, des caractères nouveaux, des types variés, étranges ; — des situations comiques, un intérêt soutenu, de la réalité ; — les fureurs du jeu, les horribles douleurs qui font, souvent, de toute femme qui a failli une martyre de nos lois et de nos préjugés ; les hardiesses du voleur, les bas calculs du faussaire et de l'empoisonneur, les épouvantes de l'adultère ; — le choc de ces passions et de ces vices a fourni à l'auteur les principaux éléments de ce drame qui est une histoire véritable, — et dont l'auteur a été le témoin oculaire. M. Albert Blanquet l'a racontée avec la verve et le talent que ses œuvres précédentes ont fait apprécier du public.

LES TROIS HOMMES NOIRS

PAR LUC-CHARDALL

Le consciencieux moraliste, l'observateur profond, le conteur plein d'humour et de grâce qui, sous le voile assez transparent de Luc-Chardall, a enrichi la librairie moderne de ce tableau si vrai des mœurs champêtres appelé la *Ferme aux Loups*, a voulu prouver que, dans un genre diamétralement opposé, ses puissantes facultés d'observation, de conception et de style, ne lui feraient pas défaut.

Il a plus que réussi.

Le nouveau roman les *Trois Hommes Noirs* que nous publions aujourd'hui est une grande étude historique des premiers événements qui ont ensanglanté le commencement du siècle. A chaque pas le drame s'y mêle au comique, le rire cotoie les larmes et se confond parfois avec elles. Mais ce qui domine tout dans cette nouvelle œuvre de Luc-Chardall, au milieu de la combinaison hardie des scènes tour à tour gaies et terribles qui composent, c'est la peinture, vraie, fidèle, vigoureuse d'une des plus imposantes physionomies de notre histoire au début du premier empire.

Nous n'hésitons pas à prédire au roman les *Trois Hommes Noirs* un succès qui fera date dans l'histoire littéraire de notre temps.

Wassy. — Imprimerie de MOUGIN-DALLEMAGNE.

CHAPITRE DIXIEME

X

Le lendemain, à l'ambassade d'Espagne, trois jeunes filles et un jeune homme se trouvaient réunis dans la chambre de dona Carmen.

Ces trois jeunes filles, on l'a deviné, c'étaient dona Carmen, Claire d'Azay et Armande de Vérinières.

Don José, le bel hidalgo, debout au milieu des trois jeunes filles assises, disait à Claire :

« Ainsi, mademoiselle, le chef de la patrouille a pris votre parti ?

— Ah ! répondit Claire dont les grands yeux étaient entourés d'un cercle de bistre, résultat de la fatigue ; ah ! je ne sais plus tout ce qui s'est passé... mais cela me semble un rêve... Je me suis mise à danser ; j'avais la fièvre, le délire, et jamais, dona Carmen, vous qui êtes Espagnole, vous n'avez agité les castagnettes avec une harmonie plus frémissante.

— Et les municipaux vous ont regardée danser ?

— Ils m'ont applaudie, ils ont crié bravo ! Il en est un qui m'a offert de m'épouser... »

Les deux jeunes filles et don José se mirent à rire.

Claire continua :

« Cet affreux Marseillais a été chassé du cabaret, et les municipaux sont partis en disant à Berdin :

» — Si on revenait t'inquiéter cette nuit, va te plaindre au poste du Palais-Egalité, c'est mon frère, le citoyen Pluveau, qui le commande.

» Quand ils ont été partis, je me suis laissée tomber de lassitude ; il me semblait que j'étais morte. »

Le bon Fritz Muller pleurait.

« J'ai cru que vous étiez perdue ! m'a-t-il dit depuis.

— Et, dit encore don José, combien de temps avez-vous attendu le retour de vos protecteurs ?

— Une demi-heure environ. On a frappé discrètement à la porte, et une voix a dit : Farandole !

— Ah ! fit Claire d'Azay en se tournant vers mademoiselle de Vérinières, tu as jusqu'à sa voix. Berdin s'y est trompé,

Fritz aussi, moi aussi. Berdin a ouvert, et j'ai cru que c'était-elle !

— Cette ressemblance est miraculeuse ! murmura dona Carmen.

— C'est ma sœur, dit Armande.

— Votre sœur ! est-ce possible ? »

La belle jeune fille prit la parole à son tour, et dit en souriant :

« Feu mon père, le baron de Vérinières, n'a pas toujours été un modèle de sagesse. Il était garde du corps ; il fréquentait beaucoup les coulisses de l'Opéra.

» Je me souviens avoir vu pleurer ma mère, dans mon enfance; elle pleurait comme les femmes jalouses savent seules pleurer. Il paraît, — les petites filles innocentes ne finissent-elles pas par tout savoir — il paraît, dis-je, que mon père adorait une certaine demoiselle Margot, danseuse, et que, tandis que ma mère élevait ses enfants en province, sous les grands arbres de notre Bourgogne, — cette demoiselle Margot élevait, de son côté, une charmante petite fille dont mon père portait, suspendu à son cou, le portrait enfermé dans un médaillon.

» Un domestique bavard et diverses scènes qui eurent lieu entre mon père et ma mère me mirent au courant de cette double famille.

» Un soir, mon père arriva de Paris, désolé, en proie à un morne désespoir.

» Ma mère était morte l'année précédente. Mon père l'avait pleurée avec effusion; il l'avait sincèrement regrettée, — mais quand nous nous rapprochâmes, mes frères et moi, la douleur qu'il avait manifestée à cette époque de celle qui l'étreignait alors, nous pensâmes qu'il avait dû ressentir quelque épouvantable catastrophe.

» L'enfant de mademoiselle Margot, cette jolie petite fille qui me ressemblait et que mon père aimait tant, avait disparu un soir, dans les rues de Paris, et jamais on n'avait pu la retrouver.

— Et vous croyez que cette femme, Farandole, est cette même petite fille...

— Je ne le crois pas, j'en suis sûre. »

Et comme don José avait aux lèvres un sourire de doute, Armande de Vérinières ajouta :

« Il est des battements de cœur qui ne sauraient tromper... mon cœur a battu... pour la première fois je me suis sentie entraînée vers une inconnue... »

L'arrivée dans la chambre de dona Carmen d'un nouveau personnage interrompit le récit d'Armande.

Ce personnage était Fritz Muller, le bon étudiant de Heidelberg.

Fritz était pâle, agité...

« La place est encore pleine de monde, » dit-il.

Les trois jeunes filles frissonnèrent, et don José murmura :

« O les misérables !

— On va guillotiner encore, » poursuivit Fritz Muller.

Soudain Claire d'Azay s'écria :

« Mon Dieu ! pourvu qu'il n'y soit pas.

— Qui, *lui ?* demanda Armande de Vérinières.

— Le brigadier.

— Qu'est-ce que le brigadier ? »

Fritz Muller répondit naïvement :

« C'est un gentilhomme qui est entré dans les gendarmes, avec l'espoir de sauver le roi.

— Et... vous... le... nommez ? demanda Armande avec effort.

— Le chevalier de Rochemaure, » répondit l'innocent Allemand.

Claire et Armande eurent un double cri et échangèrent un double regard.

« Mon Dieu ! s'écria Armande, tu le connais, cousine ! »

Claire rougit et balbutia.

« Moi, je l'aime ! » dit Armande.

Claire cacha sa tête dans ses mains et crut qu'elle allait mourir.

Les deux cousines étaient rivales !

. . . .

Depuis que, chaque jour, la place de la Révolution était transformée en un vaste abattoir, les croisées de l'ambassade d'Espagne étaient éternellement closes. Seules, celles qui donnaient sur les cours intérieures s'ouvraient au grand air.

La chambre de dona Carmen était située sur le derrière ; mais il y avait, attenant à cette pièce, un boudoir dont les croisées s'ouvraient sur la place de la Révolution.

Une pensée unique s'empara simultanément des cinq personnages qui se trouvaient chez dona Carmen.

Ils coururent tous au boudoir, et don José en poussa les persiennes.

La place de la Révolution était encombrée de sa foule accoutumée, composée de femmes, de bourgeois, de gens du peuple et de gamins de Paris.

Au milieu, dressée devant le piédestal, la guillotine élevait ses bras rouges.

Le brouillard était épais et la cime des toits disparaissait sous un nuage blanc.

Debout sur la guillotine, Sanson et ses aides attendaient.

La charrette était loin encore, et deux heures n'avaient pas sonné à l'horloge du Palais-National.

Don José, Fritz Muller, les trois jeunes filles furent alors livrés à ce vertige de curiosité qui déjà s'était emparé de Claire d'Azay et de son sauveur, le jour de la mort de Louis Capet.

Ils s'appuyèrent au balcon, ils voulurent voir.

Tout à coup un murmure immense s'éleva, une ondulation se produisit parmi la foule, pareille au sillon d'une barque sur les flots agités de la mer.

C'était la charrette qui s'ouvrait un passage à travers cet océan humain et apportait à l'instrument de mort sa provende quotidienne.

Et tandis qu'un hourra frénétique s'élevait du milieu de la foule, un seul et unique cri se fit entendre au balcon de l'ambassade.

Debout, au milieu de la charrette, le front calme, le sourire aux lèvres, le *briga-*

dier, c'est-à-dire le chevalier de Rochemaure, écoutait les horribles consolations de la vieille au gueux.

« Lui! lui!! lui!! »

Cet unique mot fut articulé sur trois tons différents par Claire, Armande et Fritz Muller.

Claire tomba à demi morte dans les bras de Fritz Muller.

Mais Armande, la courageuse et forte Armande, la fille des vieux soldats francs, Armande, l'enfant terrible qui déjà avait joué avec l'instrument de mort, s'élança hors du boudoir, s'écriant :

« Je le sauverai, où je mourrai avec lui ! »

Et cela fut si prompt, si rapide, si instantané, que ni dona Carmen affolée, ni Claire mourante, ni don José et Fritz Muller frémissants, ne songèrent à le suivre.

Déjà la jeune fille s'était précipitée dans l'escalier de l'hôtel de l'ambassade ; déjà elle s'écriait, en s'adressant au portier :

« Ouvrez ! ouvrez ! je veux sortir... »

Mais, alors, un homme, jusque-là immobile dans la loge du suisse, vint à elle et lui prit le bras :

« C'est inutile ! » dit-il.

Cet homme était enveloppé dans un grand manteau, son visage était couvert d'un masque.

Mais Armande le reconnut.

« C'est vous ! dit-elle, vous qui m'avez sauvée la nuit dernière.

— Oui.

— Sauvée en son nom !

— Oui.

— Mais il va mourir !... ouvrez-moi.. je ne veux pas qu'il meure ! ouvrez-moi ! au nom du ciel ! »

Le masque rouge la tenait par le bras.

« Vous ne sortirez pas, dit-il.

— Oh! fit-elle avec une explosion de douleur et de rage... A moi, à moi ! laissez-moi sortir... laissez-moi.

— C'est inutile, vous dis-je, répéta le masque rouge... il ne mourra pas !

— Mais il est sur la charrette !

— Je le sais !..

— Il est conduit à la guillotine !... au nom du ciel... monsieur...

— On le mène à la guillotine, mais il ne mourra pas.

— Non ! vous me trompez !.. à moi !. je veux qu'on ouvre !.. » criait mademoiselle de Vérinières en délire.

En ce moment, Fritz Muller et don José, suivis de dona Carmen et de Claire, qui avait puisé une énergie dernière dans son désespoir, arrivaient dans l'escalier.

Mais le masque rouge se redressa, sa voix devint tonnante et dominatrice comme celle des vents sur la mer en courroux, grave et profonde comme un oracle du destin :

« Le chevalier de Rochemaure, dit cet homme, est à deux pas de l'éternité ! si vous dites un mot encore, si vous poussez encore un cri, le chevalier est perdu... si vous vous taisez tous, si tous vous m'obéissez... si nul de vous n'essaye de sortir, il sera sauvé ! »

Et il eut un geste souverain en leur indiquant la loge du suisse.

« Entr'ouvrez les persiennes, dit-il, et regardez !.. »

Et tous, même la bouillante et courageuse Armande, ils obéirent, et tous ils attachèrent un œil éperdu sur la guillotine qui commençait sa terrible besogne.

Le hasard a de singulières, d'étranges combinaisons.

A travers cette mer de têtes qui ondulait sur la place, il s'était creusé comme un sillage qui partait de l'ambassade d'Espagne, arrivait au pied de l'échafaud et emboîtait le regard comme la rigole creusée entre les canons d'un fusil à deux coups.

L'œil de Fritz Müller et de don José, le regard des trois jeunes filles suivirent ce sillage, et tous aperçurent Rochemaure debout, au bas de ce sinistre escalier, qu'on gravissait et qu'on ne descendait jamais. Le chevalier était toujours calme, il souriait toujours à la vieille au gueux...

Et, pendant ce temps, les têtes tombaient !

Une sorte de fascination s'était emparée des trois femmes, de Fritz et de don José.

Était-ce la hideuse majesté du spectacle, était-ce le regard flamboyant du masque rouge qui l'exerçait ?

L'un et l'autre sans doute.

Mais ils demeurèrent là, sans haleine, sans voix...

Et les condamnés montaient un à un, et chaque tête tombait à son tour.

Le chevalier n'avait point changé d'attitude.

Cependant Armande secoua un moment la torpeur mortelle qui l'étreignait.

« Oh ! s'écria-t-elle, son tour approche.. il va monter !.. Laissez-moi... je veux sortir !.. »

Mais la main de fer du masque rouge la retint à sa place.

« Restez ! » dit-il.

En ce moment, la machine venait de se détraquer, et le couteau s'arrêtait au milieu de sa course fatale.

« Vous le voyez, dit le masque rouge avec calme, il ne tombera plus de têtes aujourd'hui. »

Et alors il entraîna Armande et lui dit :

« Venez... c'est à présent l'heure de le sauver... »

Ce fut alors encore que la porte de l'ambassade s'entr'ouvrit, et qu'au moment où le chevalier de Rochemaure, les mains libres, perdu dans la foule et poussé par elle, arrivait sous les arcades, deux bras l'enlacèrent, en même temps qu'un cri d'amour sublime retentissait.

. . . .

« Ah ! chevalier, disait une heure après mademoiselle Armande de Vérinières, redevenue femme, vous me pardonnerez, n'est-ce pas ? »

Elle avait des larmes dans les yeux et le front rougissant.

« Vous pardonner ! s'écria le chevalier ému et pâle.

— Oui, dit-elle, car il me semble que j'ai laissé parler mon cœur trop haut. »

Le chevalier s'était mis à genoux et baisait les mains d'Armande.

La belle jeune fille eut un sourire d'une coquetterie indicible.

« On a toujours tort, dit-elle, de laisser voir à un homme qu'on l'aime!.. »

CHAPITRE ONZIEME

XI

L'Assemblée nationale, autrement dit la Convention, venait de délibérer sur les intérêts de la patrie.

Plusieurs lois avaient été votées; les représentants de la nation avaient sanctionné différents actes, et la séance avait été levée et renvoyée au lendemain.

Cependant, la salle des délibérations était remplie encore d'une foule assez compacte.

C'était l'heure des discours oiseux, des paroles sonores et vides de sens, des protestations inutiles.

Quand les vrais orateurs avaient quitté la tribune, quand les hommes d'Etat étaient partis, lorsque ceux qui s'intéressaient sérieusement aux affaires publiques étaient rentrés dans la vie privée, les braillards, les hâbleurs prenaient la parole.

La salle des assemblées souveraines devenait un club : les géants faisaient place aux nains.

Ce jour-là, un homme monta à cette tribune que Danton venait d'abandonner.

Il était petit de taille, olivâtre de visage ; il parlait avec cet accent traînard et cadencé des Méridionaux de l'est de la France.

« Troun de l'air ! citoyens, s'écria-t-il, quand donc finira le règne des aristocrates ?

— Il n'y a plus d'aristocrates ! répondit une voix.

— Des ci-devants, veux-je dire, poursuivit l'orateur.

— Il n'y a plus de ci-devants.

— Des conspirateurs, enfin ! »

Une autre voix s'éleva du sein de la foule et répondit :

« Les vrais conspirateurs, les hommes qui finiront par assassiner la république, sont des bavards comme vous ! »

Mais cette brutale interruption ne déconcerta point l'orateur.

« Vous parlez de la république ! continua-t-il, mais vous ne savez pas ce que c'est.

— Eh bien, dites-le ! répondit un troisième interrupteur.

— La république, citoyens, c'est le gouvernement du peuple, et par le peuple ! »

Quelques bravos se firent entendre; cependant les interrupteurs ne se tinrent pas pour battus, et l'un d'eux demanda :

« Qu'est-ce que le peuple ?

— C'est quiconque travaille et porte une blouse, répondit l'orateur.

— Alors, pourquoi portes-tu un habit ? »

L'orateur haussa les épaules et continua :

« Citoyens, je m'appelle Isnard, je suis

représentant du peuple pour le département du Var, et, l'Etre suprême en soit béni ! je ne suis pas suspect en matière de civisme. »

L'orateur s'attendait à de nouveaux applaudissements ; mais l'auditoire resta muet.

« Ah ! citoyens, reprit le citoyen Isnard, député du Var, mon patriotisme ne saurait être douteux ; j'ai fait mes preuves, sous la tyrannie ; j'ai lutté contre les aristocrates, j'ai bravé leur orgueil, j'ai su mépriser leurs insultes, j'ai parfois châtié leur insolence. »

Quelques rires se firent entendre dans la salle.

« Citoyens ! poursuivit le citoyen Isnard, j'entends rire dans cette assemblée. Rire ! quand un représentant du peuple, un élu de la nation, un député, prend la parole ! Mais vous ne savez donc pas, citoyens, que je suis une des vivantes incarnations de la loi !

— Pauvre loi! dit un quatrième interrupteur.

— La loi! citoyens, la loi! hurlait l'orateur, qui se laissait aller à un enthousiasme non justifié par les circonstances, c'est notre mère à tous! nous devons la servir, la chérir, la vénérer !.. »

L'auditoire restait froid. Le citoyen Isnard pensa qu'il devait frapper un grand coup.

« Citoyens! s'écria-t-il, j'ai pour la loi un tel respect que, si j'étais condamné à mort et que le bourreau fût malade, je voudrais me guillotiner moi-même. »

Cette fois, le citoyen Isnard forçait la main aux applaudissements.

Il eut son petit tonnerre de bravos.

« N'applaudissez pas! reprit-il, n'applaudissez pas! c'est l'enthousiasme de la liberté qui parle par ma bouche! »

Puis il voulut parler encore; mais la foule trouva spirituel d'applaudir à outrance pour éviter la fin de ce discours absolument vide et singulièrement ampoulé.

Satisfait, le citoyen député du Var remit ses besicles sur son nez crochu, et descendit de la tribune avec la majesté digne que dut témoigner Cicéron après sa première Catilinaire.

« Vive Isnard! vive le grand patriote! » criaient les tricoteuses qui revenaient de la place de la Révolution, où le spectacle accoutumé venait de finir.

L'orateur s'ouvrait un passage à travers la foule et saluait à droite et à gauche comme un triomphateur.

Un homme vêtu d'une carmagnole, son bonnet rouge enfoncé sur les yeux, s'approcha de lui comme il atteignait la porte de la salle.

« Tu es donc bien brave ? » lui dit-il.

Cette question fit tressaillir le citoyen Isnard, il regarda son interlocuteur, et il eut comme un vague souvenir d'avoir déjà vu quelque part ce visage brun et railleur. Mais les bravos de son auditoire avaient si bien grisé le député du Var, qu'il répondit avec emphase :

« Est-ce que j'ai jamais eu peur, moi ! »

Un rire dédaigneux vint aux lèvres de l'homme à la carmagnole.

« Es-tu bien sûr de cela, citoyen ? » dit-il.

Le député du Var était en verve d'éloquence.

« Je ne tremblerais pas, dit-il, quand on m'attacherait à la bouche d'un canon !

— Bah ! dit l'homme à la carmagnole, je me rappelle une certaine nuit d'hiver de l'an 1787 où tu as eu une jolie panique, à la bastide des environs de Draguignan. »

Et l'homme à la carmagnole eut un rire homérique et se perdit dans la foule.

Quant au citoyen Isnard, ce souvenir qu'on venait de lui rappeler fut si terrible, qu'il en devint pâle et tremblant, et sortit de la salle comme s'il avait eu à ses trousses une légion de chiens enragés. Ce ne fut que dans la rue Saint-Honoré qu'il ralentit sa marche et se hasarda de respirer à l'aise.

« Mais quel est donc cet homme ? se demandait-il avec une sorte d'épouvante. Je l'ai vu quelque part... serait-ce un de ces misérables qui... Non, ce ne peut-être... Je crois plutôt... Mais non... Oh ! il faut pourtant que je le sache !..

— Citoyen ! » dit une voix derrière lui.

Le député du Var se retourna et se vit face à face avec un homme habillé de gris des pieds à la tête.

« Ah ! c'est toi, Olivier Brun ? dit-il.

— C'est moi, citoyen.

— Es-tu content de l'emploi que je t'ai fait obtenir dans la police ?

— Non, » dit sèchement Olivier Brun, — c'est-à-dire le Marseillais.

Le citoyen Isnard crut devoir rejeter la tête en arrière, oublier ses préoccupations, et ne se souvenir que de la dignité dont un député du Var doit toujours avoir souci.

« Comment ! dit-il, tu te permets, drôle, de ne pas être content de ce que j'ai fait pour toi ?

— Non, citoyen.

— Et pourquoi la chose, s'il vous plaît ?

— Je vous conterai cela chez vous. »

Le citoyen Isnard eut un nouveau mouvement d'inquiétude.

« Tu veux venir chez moi ?

— Oui, citoyen.

— Mais... pourquoi ?..

Le Marseillais se mit à rire.

« N'ayez donc pas peur, citoyen, nous ne sommes plus à votre bastide.

— Tais-toi !

— Ah! ce souvenir vous est désagréable?

— C'est-à-dire, répondit naïvement le citoyen Isnard, qu'il me donne la chair de poule.

— En effet, vous êtes assez pâle... »

Le citoyen Isnard parut hésiter.

« Tenez, continua le Marseillais, ou je me trompe fort, ou il vient de vous arriver quelque chose...

— C'est vrai.

— On vous aura siflé à la tribune.

— Oh! non... au contraire...

— On vous a applaudi ?

— A outrance ! »

Le Marseillais eut un sourire ironique.

« Cela prouve, dit-il, que les Parisiens ne sont pas trop difficiles en matière d'éloquence. »

La réflexion était insolente, mais le citoyen Isnard était si troublé qu'il n'y prit garde.

« Ecoute-moi donc, dit-il.

— Parlez, citoyen.

— Tu te souviens de la soirée du 27 janvier 1787 ?..

— Parbleu ! et vous aussi...

— Combien étiez-vous ?

— Cinq.

— Nomme-les-moi.

— Il avait d'abord Anselme... un gros court... à favoris rouges...

— Ce n'est pas cela. Après ?

— Ensuite, moi...

— Après ?

— Et puis Cyprien, un petit, mince, à cheveux blonds.

— Ce n'est pas cela.

— Et les deux vieux, vous savez? Auguste et Marius...

— Il n'y en avait pas un sixième ?

— Non..

— C'est singulier! murmura le citoyen Isnard comme se parlant à lui-même. Puis il ajouta brusquement : Viens avec moi!

— Ah! vous consentez à m'emmener?

— Oui; je veux causer avec toi. »

Le citoyen Isnard demeurait, comme un grand nombre de députés, rue Saint-Honoré.

La maison qui avait l'honneur d'abriter ce fleuve d'éloquence était haute de cinq étages, assez mesquine d'apparence, pourvue d'une porte basse et d'une allée noire, dans laquelle, lorsqu'il rentrait tard, le citoyen Isnard, cet homme courageux qui demandait à se guillotiner lui-même, ne s'aventurait jamais sans un léger battement de cœur.

La maison était tout entière louée en garni.

Le citoyen Isnard habitait, au premier, deux chambres à carreaux rouges assez modestement meublées, et dont les croisées à espagnolettes étaient garnies de rideaux de toile jaune de Rouen.

La simplicité malpropre de ce réduit plaisait au citoyen Isnard, qui disait à tout propos que les élus du peuple devaient donner l'exemple du mépris des richesses.

Ce fut là qu'il introduisit le Marseillais.

Puis il ferma soigneusement la porte et lui dit :

« Maintenant, parle, je t'écoute. »

Le Marseillais prit un air mystérieux et sombre.

CHAPITRE DOUZIEME

XII

Le Marseillais se plaça sur une chaise à califourchon, s'assit et regarda le citoyen Isnard en face.

« Sais-tu, lui dit-il, que le comité de salut public a fort peu d'égards pour les gens que tu protéges ?

— Comment cela ?

— On m'a nommé, grâce à ta recommandation.

— Et grâce au secret que tu tiens, coquin !

— Soit. On m'a donc nommé sous-directeur à la police.

— T'aurait-on destitué ?

— Non, mais on m'a *censuré*.

— Tu ne fais donc pas bien ton métier ?

— Au contraire, ils trouvent que j'ai trop de zèle. Le citoyen Danton m'a fait venir ce matin et m'a adressé des reproches auxquels je suis très-sensible. »

Le citoyen Isnard retrouva un peu de sa jactance méridionale.

« La république n'a pas besoin qu'on fasse du zèle, dit-il.

— Mais encore faut-il veiller à sa sûreté.

— Le citoyen Danton n'est pas homme...

— Ah! pardon, fit le Marseillais d'un ton impertinent, je ne viens pas ici pour recevoir des conseils... je viens parce que j'ai besoin de toi, citoyen Isnard, et tu sais bien qu'il y a entre nous des petits mystères qui ne te permettent pas de m'éconduire. »

Le malheureux député du Var soupira

profondément; il eut même un grognement plaintif semblable à celui d'un chien à l'attache qui sommeillait et se croyait libre, et à qui un brusque réveil fait sentir la pesanteur du collier.

« Voyons, reprit le Marseillais, nous ne sommes point ici pour perdre notre temps. Causons peu, vite et utilement.

— Mais enfin, dit le citoyen Isnard, qu'as-tu fait pour que Danton t'ait lavé la tête d'importance ?

— J'ai voulu faire arrêter une fille d'aristocrate.

— C'est pourtant une belle action cela !

— Le capitaine de la patrouille que j'avais requis et ses hommes ne l'ont pas jugé ainsi.

— Ah !

— Ils ont refusé d'arrêter la petite, et le capitaine a porté une plainte contre moi.

— Eh bien ?

— Alors Danton m'a fait appeler et m'a dit : « Au premier abus de pouvoir que vous commettrez, vous serez destitué. »

Le malheureux député du Var leva les yeux au ciel, eut un regard qui voulait dire :

« Que puis-je y faire ? Est-ce que je suis de taille à lutter d'influence avec le citoyen Danton ? »

Le Marseillais devina cette pensée.

« Aussi, dit-il, je ne viens pas précisément pour que vous me fassiez faire des excuses. »

Isnard respira.

« Mais vous pouvez me tirer d'affaire en me faisant nommer commissaire de police extraordinaire en province. »

La présence du terrible Marseillais à Paris avait sans doute quelque peu tourmenté l'honorable citoyen Isnard, car ce fut avec un fiévreux empressement qu'il répondit :

« Oh ! mais c'est très-facile cela !

— Commissaire extraordinaire dans le département de l'Yonne...

— Pourquoi l'Yonne ?

— Ah !... c'est là que je veux aller, et pas ailleurs !

— Mais pourquoi ?

— Ce pays me plaît.

— Il y a une foule d'autres pays en France qui te plairont tout autant.

— Non pas, je tiens à celui-là.

— Alors tu as une raison ?

— Oui, je veux m'établir..... me marier...

— Dans le département de l'Yonne ?

— Justement. »

L'honorable député du Var regarda son interlocuteur comme on regarde les gens dont on attend une confidence.

Le Marseillais tira une pipe de sa poche et dit :

« Peut-on fumer ? »

Cette familiarité choqua les idées égalitaires du citoyen Isnard.

« Tu oublies, dit-il, que tu es en présence d'un élu de la nation !

— Bah ! puisqu'il est dit que l'égalité...

— Assez ! fume si tu veux !.. »

Le Marseillais bourra sa pipe.

« Quand j'ai quelque chose à conter, dit-il, je fume par habitude. »

Il alla vers la cheminée dans laquelle l'officieux du citoyen Isnard avait allumé un maigre feu, et prit un charbon qu'il posa sur sa pipe.

Puis il continua :

« Je te disais donc, citoyen, que je voulais m'établir, c'est-à-dire me marier.

— C'est une drôle d'idée, par le temps qui court.

— Soit ; mais le temps qui court finira par s'en aller. La république, vois-tu, citoyen Isnard, c'est un peu comme l'orage, quand il pleut très-fort c'est signe de beau temps prochain.

— Ah ! tu crois ? »

Le Marseillais devint superbe d'insolence et d'ironie.

« Ah ça ! dit-il, t'imagines-tu que cela va durer éternellement, ce joli petit régime qui consiste à guillotiner trente ou quarante personnes par jour, tandis que des bavards comme toi vous faites des discours qui ne prouvent absolument rien, si ce n'est que la bêtise humaine est sans limites ? »

Le citoyen Isnard fit la grimace.

« Après la pluie vient le soleil, poursuivit le Marseillais. On s'est mouillé d'abord, il faut se sécher... et pour cela il n'est pas inutile d'avoir des habits de rechange.

— C'est vrai, dit le citoyen Isnard.

— J'ai découvert pour l'heure où le soleil reviendra un joli petit château entouré de bois et garni de quelques fermes. Il y a dedans une jolie fille dont je ferai ma femme... »

L'honorable député du Var regarda le Marseillais avec un air de surprise assez irrévérencieux ; mais celui-ci poursuivit :

« Figure-toi qu'il y a à Paris une jeune fille dont le père et les frères sont émigrés, et ne rentreront pas de sitôt... s'ils rentrent.

— Bon ! Après ?

— Elle est jolie, la petite, si jolie que je m'en suis toqué.

— Vraiment ?... et tu veux l'épouser ?

— Le château me convient.

— Mais on les rase, les châteaux.

— Qu'est-ce que ça fait ? On ne rasera pas celui-là.

— Ah ! tu crois ?

— Car il sera acheté par un bonhomme d'intendant qui sera maire de sa commune, membre du district et ami fidèle de la république.

— Je ne comprends pas grand'chose à tout ce que tu me racontes là, dit le citoyen Isnard.

— Faut-il m'expliquer ?

— Sans doute.

— Mais c'est que, voyez-vous, dit le Marseillais en se grattant l'oreille, j'aimerais mieux ne pas m'expliquer du tout.

— Comme il te plaira.

— A la condition toutefois que vous me ferez nommer commissaire...

— Dans l'Yonne ?

— Certainement.

— Et pourquoi ne veux-tu pas t'expliquer, citoyen ? demanda le citoyen Isnard qui était non-seulement bavard, mais encore curieux.

— Tenez-vous à en savoir la raison ?

— Oui.

— Eh bien, c'est parce que vous êtes au fond d'une trop bonne pâte d'homme... »

Le citoyen Isnard ne prit pas ces mots pour un compliment ; il crut devoir froncer le sourcil.

« Je suis, dit-il, juste, mais sévère, et je

ne pactiserai jamais avec les ennemis de la république. »

Le Marseillais haussa les épaules.

« Mon pauvre citoyen député, dit-il, il y a loin de vos opinions actuelles à celles que vous professiez en 1787. Vous souvenez-vous comme vous étiez dévoué à la monarchie alors ?

— Tais-toi, drôle !

— Bon ! voilà un mot de l'ancien régime, citoyen !

— Enfin, que veux-tu dire ?

— Je dis que vous êtes au fond un brave homme que la peur a rendu terrible, un mouton inoffensif qui s'est transformé en loup, un homme qui demande des têtes parce qu'il tremble de laisser choir la sienne.

— Mais te tairas-tu, misérable !

— Allons donc, citoyen, ne craignez rien... nous sommes seuls,... on ne nous entend pas !..

Le malheureux député du Var suait à

grosses gouttes, et gémissait, impuissant, sous les sarcasmes du Marseillais.

« Tenez, poursuivit ce dernier, donnez-moi seulement un mot pour le citoyen Robespierre. »

A ce nom, la transpiration du citoyen Isnard devint plus abondante.

Le Marseillais lui indiqua d'un geste une table sur laquelle il y avait ce qu'il faut pour écrire.

« Mais, observa le député du Var, crois-tu que je ne ferais pas mieux de lui parler moi-même ?

— Non.

— Cependant...

— Cependant, dit froidement le Marseillais, c'est comme ça... prenez la plume, je vais dicter. »

Sans doute le Marseillais exerçait une pression étrange, absolue sur le citoyen Isnard, car il prit la plume en laissant échapper un geste désespéré.

Le Marseillais dicta :

« *Citoyen membre du comité de salut public,*

» Il y a, parmi les hommes à qui le sort
» de la république a été confié, des gens
» qui se laissent entraîner à une déplora-
» ble indulgence. Je ne veux nommer per-
» sonne, mais il est de mon devoir de te si-
» gnaler un citoyen dévoué, bien connu
» pour son civisme, un patriote intelligent
» et qui a prouvé, en démasquant le *complot*
» *des gendarmes*, tout ce qu'on pouvait fon-
» der sur lui d'espérances... »

Le citoyen Isnard s'arrêta.

« Est-ce de toi que tu parles dit-il?

— C'est de moi.

— Ah! soupira le malheureux député du Var, sans cette fatale nuit du 27 février 1787...

— Mais écris donc, citoyen, je suis pressé! » dit le Marseillais.

Le citoyen Isnard reprit la plume.

« Va! » dit-il.

« Le citoyen Olivier Brun, — dicta le
» Marseillais, — est un homme sûr,

» éprouvé, sagace, et qui connaît parfaite-
» ment les ruses infâmes et les horribles
» machinations des aristocrates.

» Je vous le recommande tout spéciale-
» ment et vous prie de lui accorder tout
» ce qu'il pourra vous demamder. »

« Ouf! pensa le citoyen Isnard lorsqu'il eut signé cette lettre, je serai malade demain, je n'irai pas à la Convention. Robespierre pourait me demander des explications. »

Quand la lettre fut écrite, le Marseillais la mit dans sa poche.

« Maintenant, dit-il, au revoir, citoyen, je vais chez Robespierre.

— Un instant, » fit le député du Var.

Le Marseillais, qui avait déjà fait deux pas, s'arrêta.

« Qu'est-ce encore? dit-il.

— Es-tu bien sûr que vous n'étiez que cinq?

— Où cela?

— A ma bastide, dans la nuit du 28 janvier...

— Mais... très-sûr.

— C'est drôle, murmura le citoyen Isnard, je croyais qu'il y en avait un sixième. »

Le Marseillais fronça le sourcil à son tour.

« Ah ça, mais, dit-il, voici deux fois déjà que vous me demandez cela... pourquoi ? »

Le citoyen Isnard hésita un moment; puis il fit un violent effort.

« Eh bien, dit-il, aujourd'hui, en quittant la Convention, j'ai été abordé par un homme qui m'a demandé si je me souvenais de la nuit du 27 janvier 1787.

— Comment est-il cet homme ?

— Petit, brun ; il a notre accent.

— C'est lui !

— Qui, lui ?

— Le baron. »

Et le Marseillais pâlit légèrement.

« Ah! dit-il, je le croyais loin de France... Gare à toi, citoyen, gare à nous!

— Que veux-tu dire?

— Suffit! je m'entends... »

Et le Marseillais, en proie à une agitation extraordinaire, s'élança au dehors, laissant le citoyen Isnard au comble de l'étonnement et en proie à une vague inquiétude.

. . . .

Le citoyen Isnard resta chez lui près

d'une heure, livré à des réflexions bizarres.

« Qu'était-ce que cet homme qui savait l'histoire de la nuit du 27 janvier ?

« Qu'était-ce que ce baron ? »

Longtemps la tête dans ses mains, sans prendre garde à l'heure qui marchait, à la nuit qui venait, il demeura dans son petit appartement meublé.

Mais, enfin, six heures sonnèrent, répétées par la cloche de la maison garnie, qui était dotée d'une table d'hôte.

Le propriétaire de l'établisement, le citoyen Rabasse, Marseillais pur sang, avait bien songé un moment à supprimer la cloche et à la remplacer par un tambour, attendu que les cloches rappelaient le culte de Dieu, et que Dieu avait été remplacé par l'Etre suprême, une divinité bien autrement sérieuse.

Mais la commune avait refusé le tambour et toléré la cloche, par cette raison toute simple qu'elle était fêlée.

La cloche de la maison garnie appelait donc les hôtes à dîner.

Le citoyen Isnard descendit.

Cette table, qui ne réunissait pas moins de soixante couverts autour d'une nappe graisseuse, était une assez jolie succursale de la Convention pour le citoyen Isnard, qui savait y déployer son éloquence.

Fréquentée par de petits rentiers, des provinciaux, des voyageurs de commerce, la table d'hôte était naturellement présidée par le citoyen député du Var.

C'était là qu'il brillait de tout son éclat, qu'il s'épanouissait à l'aise, qu'il dominait son auditoire.

Dans l'escalier, il retrouva sa belle humeur ; arrivé au rez-de-chaussée, il fredonna un air d'opéra.

Au seuil de la salle à manger, il prépara une improvisation.

Mais ce seuil franchi, il fit un pas en arrière et crut qu'un abîme s'entr'ouvrait devant lui.

L'homme qui lui avait parlé de la terrible nuit de 1787 était assis au beau milieu de la table...

CHAPITRE TREIZIEME

XIII

La table d'hôte tenue par le citoyen Rabasse était au complet.

Le nouveau venu, celui dont la vue

troublait si fort l'honorable député du Var, avait poussé l'audace jusqu'à lui prendre sa place.

L'arrivée du citoyen Isnard fut accueillie par un murmure approbateur.

« Pardon, citoyens et citoyennes, dit-il d'une voix mal assurée, je vois que toutes les chaises sont prises... »

Il fit un pas de retraite. espérant échapper ainsi au regard flamboyant de l'inconnu ; et il ajouta :

« Je vais aller dîner au Palais-Egalité.

— Troun de diou ! s'écria le citoyen Rabasse, plaisantez-vous, citoyen ! On se serra !... Il y a toujours de la place pour un élu de la nation, troun de l'air ! »

Les convives partageaient cette opinion sans doute, car les chaises s'étaient déjà pressées les unes contre les autres.

« Venez vous mettre là, citoyen, » dit l'inconnu qui lui indiqua sa droite.

Cet homme qui dînait là pour la première fois, qu'on n'avait jamais vu, dont on ne savait pas le nom, exerçait déjà sur le personnel de la table d'hôte une sorte de prestige et de fascination.

Toutes les chaises obéirent d'un mouvement uniforme, et, avant que le citoyen Isnard eût pu s'en défendre, il se trouvait une place vide à la droite de l'inconnu ; le citoyen Rabasse y plaçait un couvert et apportait une assiette emplie d'un potage aux yeux crevés. Le murmure flatteur qui saluait l'éloquent député du Var s'apaisa peu à peu.

Celui-ci, contraint de s'asseoir auprès

de l'homme qui le terrorisait, éprouvait un indéfinissable malaise.

Ce fut avec un tremblement convulsif qu'il porta la main à son chapeau pour saluer, et le sourire qu'il crut devoir laisser errer sur ses lèvres eut une vague ressemblance avec une grimace.

Alors l'inconnu, l'homme aux traits méridionaux fortement accusés, éleva son verre et dit :

« Citoyens, permettez-moi de boire à la santé de l'honorable député du Var, le citoyen Isnard, le grand patriote, l'homme éloquent qu'on a si chaudement applaudi aujourd'hui. »

Le citoyen Isnard ne s'attendait nullement à ces paroles ; il en demeura comme suffoqué, balbutia, pâlit plus encore, et n'eut d'autre ressource que celle de poser la main sur son cœur en signe d'effusion reconnaissante.

Il y eut quelques bravos, tandis que maître Rabasse découpait la pièce de bœuf.

Le citoyen Isnard était habitué aux bravos; mais il ne s'attendait pas, certainement, à être complimenté par celui qui une heure avant, l'avait traité de bavard et de lâche.

L'inconnu se pencha à son oreille et lui dit : « Faites donc un petit discours à ces braves gens, citoyen. »

— Hein?... Plait-il? balbutia le citoyen Isnard.

— Laissons-leurs quelques illusions, » poursuivit l'inconnu d'un ton railleur.

S'il s'effrayait facilement, le citoyen Isnard était assez prompt à se rassurer, et les lumières qui éclairaient la salle, le choc des verres, le cliquetis des fourchettes et des assiettes, les paroles bruyantes des convives l'eurent bientôt grisé et lui rendirent toute sa jactance.

« Cet homme pensa-t-il en regardant son terrible voisin, n'est peut-être qu'un farceur. Il n'a pas l'air méchant, après tout. »

Et il éleva la voix en même temps que son verre.

« Citoyens, dit-il, je vous remercie de vos applaudissements ; mais je ne les mérite point. Si mon humble voix est parfois devenue éloquente, si des accents partis du cœur sont montés jusqu'à mes lèvres, c'est que l'esprit sacré de la liberté a daigné me prendre pour organe! »

On battit des mains.

« Citoyens, reprit le député du Var, nous avons fondé la république à tout jamais. Elle sera forte, prospère, indulgente pour les esprits égarés qui reviendront vers elle, impitoyable pour les rebelles qui rêvent le rétablissement de la tyrannie. »

« — Après ? » dit l'inconnu d'un ton moqueur.

Le citoyen Isnard avait enfourché le cheval de l'éloquence; il oublia ses terreurs, et, se retournant vers l'interrupteur :

« Et toi, citoyen, dit-il, ne raille pas ! si tu es un ennemi de la République... »

— Dieu m'en garde !

— Alors, si tu es son ami...

— Citoyen Rabasse, dit l'inconnu, passe-moi donc de la salade ! »

Cette phrase prosaïque éteignit l'éloquence de l'honorable député du Var.

L'inconnu se pencha de nouveau vers lui.

« Citoyen député, lui dit-il tout bas, tu as tort de te prodiguer ainsi. Si tu parles continuellement, tu finiras par vider ton sac, et il ne te restera rien pour la Convention. »

La conversation devint générale ; on parla politique, rien que politique. De quoi aurait-on parlé ?

Et le dîner s'acheva vers huit heures et demie, sans que le malheureux citoyen Isnard eût retrouvé l'occasion de faire un nouveau petit discours.

Le voisinage de l'homme à la carmagnole qui lui avait parlé de la terrible nuit du

27 janvier le réduisait à la torpeur et au silence.

Quand à la salade arrosée d'huile d'œillette eut succédé le fromage de Brie, les convives se levèrent un à un. Le citoyen Isnard espérait que l'homme à la carmagnole s'en irait; mais celui-ci demeurait en place et sculptait une croûte de pain avec la pointe de son couteau.

Alors le député du Var voulut se lever.

« Restez donc, citoyen! lui dit l'inconnu. »

— Est-ce que vous voulez me parler? balbutia le député du Var.

— Oui. »

Il essaya de reprendre un peu de son assurance.

« Auriez-vous besoin de moi?

— Non.

— Alors, de quoi s'agit-il? »

La salle à manger était vide.

L'inconnu se transforma tout à coup aux yeux de son auditeur.

Sa voix railleuse devint grave, son geste acquit une nuance protectrice.

« Mon pauvre Isnard, dit-il je vous ai rendu bien malheureux...

— Hein? Plait-il? Que voulez-vous dire?

— Et je parie que vous voudriez bien savoir quel est cet homme qui connaît les événements de la nuit du 27 janvier? »

Ce souvenir devait être bien poignant

pour le citoyen Isnard, car il balbutia avec émotion :

« Au nom de Dieu, taisez-vous !

— Tiens ! fit l'inconnu, voilà que vous parlez de Dieu ! Vous savez pourtant bien qu'il est supprimé.

— Ne plaisantons pas.

— Je n'en ai nulle envie.

— Que me voulez-vous ?

— Mais, fit l'inconnu d'un ton hautain, l'homme qui connait le secret d'un autre devient son maître. »

Quelques gouttes de sueur perlèrent aux tempes du citoyen Isnard.

« Vous ne prétendez pas cependant, dit-il, exercer sur moi une pression?

— Cela dépend. »

— Je ne vous connais pas... après tout... »

L'inconnu se leva.

« Venez, dit-il, nous sommes mal ici pour causer, et j'ai des choses sérieuses à vous dire.

— Ah!... mais... cependant...

— Allons prendre l'air un moment ; et, tenez, mon pauvre Isnard, ajouta l'homme à la carmagnole, laissez-moi vous rassurer tout de suite, je suis plus votre ami que votre ennemi. »

L'accent de cet homme avait une franchise qui pénétra l'âme timorée du citoyen député du Var.

« Vrai, dit-il, vous n'êtes pas mon ennemi ?

— Non.

— Mais... alors...

— Venez prendre l'air, vous dis-je. »

L'homme à la carmagnole saisit le citoyen Isnard par le bras, l'entraîna hors de la salle à manger d'abord, et lui fit franchir le seuil extérieur de l'hôtel garni.

« Je veux vous parler, dit-il, d'un homme qui vous rend bien malheureux. »

La nuit était noire, il pleuvait, et la rue Saint-Honoré, malgré le voisinage des Halles était déserte.

« C'est un certain Olivier Brun, qu'on

appélle le Marseillais, » poursuivit l'homme à la carmagnole.

Et tandis que le citoyen Isnard frissonnait à ce terrible nom, il lui fit faire quelques pas encore; puis soudain il fit entendre un coup de sifflet, à ce signal, sans doute convenu dès longtemps à l'avance, deux hommes immobiles sous le porche d'une porte s'élancèrent vers le citoyen Isnard.

« Si tu dis un mot, murmura froidement l'inconnu, tu es mort... »

Ivre de terreur, le citoyen Isnard sentit la pointe d'un couteau s'appuyer sur sa gorge...

Ce fut l'histoire de dix secondes; et plus mort que vif, le citoyen Isnard n'eut pas le temps de se reconnaître. On jeta son chapeau à terre, et sa tête fut couverte d'un bonnet phrygien qu'on lui enfonça sur les yeux.

En même temps, les deux hommes accourus au signal du terrible inconnu le prirent chacun par un bras.

Alors l'homme à la carmagnole lui dit :

« On ne veut pas te faire de mal, citoyen Isnard, mais si tu résistes, on te tuera. »

Cette menace froidement articulée acheva de glacer le sang du malheureux député du Var..

« Marche ! lui dit-on.

— Où me conduisez-vous? demanda-t-il d'une voix mourante.

— Que t'importe ? marche ! »

Et le citoyen Isnard sentit de nouveau la

pointe du couteau effleurer sa gorge, et il marcha.

Le bonnet qu'on lui avait enfoncé sur les yeux l'empêchait de voir ; mais les deux hommes le soutenaient; et l'un d'eux lui dit :

« Marche toujours, et laisse-toi conduire.

— Sainte Vierge ! » balbutia le malheureux député.

L'homme à la carmagnole, qui suivait à deux pas de distance, se mit à rire :

« Comment! dit-il, mais tu perds la tête, citoyen Isnard. La sainte Vierge a été révoquée de ses fonctions; on n'a pu l'utiliser auprès de l'Etre suprême...

— Je suis dans les mains de quelques brigands royalistes, pensa le citoyen Isnard. Bien certainement ces gens-là vont m'assassiner!.. »

Et il marchait toujours, sans savoir où il allait. Seulement il comprit qu'il avait quitté la rue Saint Honoré, car on l'avait fait tourner à droite, puis à gauche.

Comme s'il eut voulu justifier le mot de Pétion, Paris était tranquille et silencieux, ce soir-là, comme une nécropole. Il pleuvait...

Le député du Var marchait toujours entre ses deux gardiens, et il entendait derrière lui le pas régulier de l'homme à la carmagnole.

De temps en temps, un passant attardé les croisait.

Le citoyen Isnard se sentait alors serrer

les deux bras; et on lui disait à l'oreille :

« Si tu cries, tu es mort! »

Cette menace le terrorisait, et il continuait à se laisser conduire.

Enfin, il entendit le bruit d'une patrouille, et, comme un prisonnier qui voit battre en brèche les murs de son cachot, il tressaillit et crut à une délivrance prochaine.

La patrouille n'était pas loin; elle s'avançait en frappant les pavés avec la crosse de ses mousquets.

Les deux hommes qui conduisaient le citoyen Isnard s'arrêtèrent, et celui qui les suivait dit :

« Nous ferions bien de retourner en arrière...

— Bah ! il ne bougera pas... »

Ces mots rendirent quelque énergie au citoyen Isnard.

« A moi ! » cria-t-il.

Mais deux mains s'arrondirent autour de son cou, et la pointe du couteau pénétra d'une ligne dans sa chair.

« Ah ! les assassins ! » murmura-t-il.

Tout à coup la patrouille, qui semblait venir droit sur eux, parut s'éloigner ; sans doute elle avait pris une rue transversale.

« Mon pauvre Isnard, dit alors l'homme à la carmagnole, ce que tu as de mieux à faire, c'est de te résigner à nous suivre de bonne grâce. Il est écrit là-haut que l'Etre suprême laissera ce soir dans l'embarras un élu de la nation, le Démosthène du département du Var. Ainsi, crois-moi, fais contre mauvaise fortune bon cœur ; c'est le plus simple. »

Le citoyen Isnard profita du conseil ; il cessa de murmurer et renonça à l'espoir d'être délivré.

Dix minutes après, ses conducteurs s'arrêtèrent.

« C'est ici, » dit l'homme à la carmagnole.

L'élu de la nation entendit frapper à une porte trois coups espacés, puis cette porte grincer sur ses gonds rouillés.

En même temps on le poussa dans un corridor où régnait un air humide et malsain.

« Marche toujours ! » dit l'homme à la carmagnole.

Le bonnet de laine rouge qui lui descendait sur les yeux avait fait une nuit complète autour de lui, et il ne lui avait pas été possible de le relever, car on lui tenait les deux bras.

Cependant, lorsqu'il eut fait une trentaine de pas environ dans le corridor, le citoyen Isnard sentit tout à coup une chaleur assez vive succéder à la froide atmosphère qui l'avait enveloppé jusque-là, et, en même temps, une clarté traverser le bonnet de laine et peser sur ses paupières.

En même temps aussi, il entendit des murmures confus autour de lui.

Puis on le poussa vers une chaise, et l'un de ses conducteurs lui dit :

« Asseyez-vous. »

L'homme à la carmagnole s'approcha à son tour et lui enleva son bonnet.

« Regarde! » dit-il.

Le citoyen Isnard, l'honorable député du Var, un des plus courageux élus de la nation, ouvrit les yeux, puis les referma en jetant un cri d'angoisse.

Il se trouvait au milieu de l'une des salles où se réunissaient les masques rouges.

Une douzaine de personnes l'entouraient ; toutes étaient masquées.

L'homme à la carmagnole, lui-même, avait posé sur son visage un loup de velours rouge.

Dans le fond se dressait la terrible machine ; et au bas de l'échelle se tenait un bourreau pareillement masqué.

« Eh bien, citoyen Isnard, dit la voix moqueuse de l'homme à la carmagnole, voici une bien belle occasion de mettre tes théories en pratique. Veux-tu te guillotiner toi-même ? »

Le citoyen Isnard se crut perdu.

« Grâce ! » balbutia-t-il.

Les masques rouges avaient fait cercle

autour de l'élu de la nation et chuchotaient entre eux.

L'homme à la carmagnole reprit :

« Citoyen Isnard, lève les yeux vers cette pancarte. Tu le vois : *Ici on ne parle pas politique.* Tu n'as donc rien à craindre pour tes opinions, et nous ne te chagrinerons pas pour la part que tu as prise dans les affaires publiques. Mais nous sommes cependant un tribunal, le tribunal secret par excellence, et nous allons te juger. »

Le tremblant député du Var retrouva une ombre de courage :

« Et de quel droit me jugeriez-vous ? » dit-il.

Il se leva, posa la main sur son cœur et dit avec une emphase que l'émotion de sa voix et la pâleur de son visage ne justifiaient pas :

« Ma conscience est pure !

— En es-tu sûr ? railla l'homme à la carmagnole.

— Je suis un honnête homme! déclama le citoyen Isnard.

— Même pendant la nuit du 27 janvier ? »

Ces mots arrachèrent un cri sourd à l'honorable député du Var, qui retomba sans force, sans regard et sans voix sur sa chaise.

« Ah!... murmura t-il, je vous jure que je suis innocent.... C'est ce gueux d'Olivier...

— Olivier était ton complice... »

Le député du Var leva les yeux au ciel et joignit les mains.

« C'est lui qui a tout fait, balbutia-t-il.

— Il était ton complice, et je le prouverai ! »

A ces mots, un des masques rouges quitta le bas de la salle et monta au fauteuil de la présidence.

Il agita une sonnette et dit :

« Citoyens, la séance est ouverte. Nous

allons juger cet homme, et s'il est coupable, il sera guillotiné sur-le-champ. »

Le bourreau regarda le citoyen Isnard à travers son masque, et il sembla au malheureux Démosthène du Var qu'il lui adressait le coup d'œil aimable d'un commerçant qui attend sa pratique.

« Accusé Isnard, dit le président, levez-vous ! »

Isnard se leva tout tremblant.

« Quel est votre nom ?

— Isnard (Jean-Louis).

— Où êtes-vous né ?

— A Draguignan.

— Votre profession ?

— Député.

— Reconnaissez-vous avoir possédé une bastide aux environs de Draguignan ?

— Oui.

— Et vous y être trouvé dans la nuit du 27 janvier 1787 ?

— Oui. »

Le président se tourna vers l'homme à la carmagnole :

« La parole, dit-il est à l'accusateur public. »

L'homme à la carmagnole tira de sa poche un rouleau de papier et lut :

« Récit des événements qui se sont ac-
» complis dans la nuit du 27 janvier 1787
» à la bastide du sieur Isnard, aujourd'hui
» citoyen député du département du Var. »

En entendant ces menaçantes paroles, le

citoyen Isnard jeta un regard éperdu sur l'instrument de mort et le bourreau.

Il ne songeait plus à se guillotiner lui-même.

CHAPITRE QUATORZIEME.

XIV

Tandis que le citoyen Isnard comparaissait devant le tribunal secret des masques rouges, auxquels on allait donner connaissance des événements accomplis durant la nuit mystérieuse du 27 janvier, — Olivier Brun, le terrible Marseillais, s'en allait rue du Vertbois.

Il avait jeté un manteau par-dessus sa carmagnole et remplacé son bonnet rouge par un tricorne.

Il s'arrêta vers le milieu de cette rue, déserte à toute heure, même en plein jour, et frappa deux coups à la devanture d'une boutique qu'on venait de fermer.

« Qui est-là ? demanda-t-on à l'intérieur.

— Un ami du citoyen Jérôme, » répondit le Marseillais.

La devanture s'entr'ouvrit et un rayon de lumière vint frapper le Marseillais au visage.

Une femme d'un certain âge tenait une lampe de fer à la main et examina prudemment le nouveau venu.

« Entrez, » dit-elle en le reconnaissant.

Et quand le Marseillais fut entré dans la boutique, dont les rayons étaient chargés de légumes et encombrés de vaisselle commune de toute espèce, elle referma prudemment la porte basse.

« Ces gredins de royalistes, dit-elle tout bas, ont encore erré toute la matinée dans le quartier.

— Ah! ah! Eh bien, on verra à s'en débarrasser. Où est Jérôme?

— Il n'est plus ici.

— Pourquoi?

— La peur l'a pris, et il est allé s'établir rue Saint-Sauveur, dans le garni que lui a indiqué la Mayotte.

— Croyez-vous que je le trouve à cette heure ?

— C'est sûr.

— Et la Mayotte ?

— Aussi.

— Alors, bonsoir, citoyenne. »

Le Marseillais se fit rouvrir la devanture et prit le chemin de la rue Saint-Sauveur.

A l'entrée de cette rue, à gauche quand on venait de la rue Saint-Denis, se trouvait un misérable hôtel garni élevé de deux étages seulement, au-dessus de la porte duquel une lanterne éclairée toute la nuit mettait en relief cette enseigne :

A LA CARMAGNOLE !

Le Marseillais entra sans hésiter et dit à l'officieux qui se présenta :

« Je veux parler au citoyen Jérôme.

— Il est couché.

— Eh bien, il se lèvera. »

Le Marseillais avait un de ces visages farouches devant lesquels on s'incline.

L'officieux alluma une chandelle et conduisit Olivier Brun au troisième étage.

La porte devant laquelle il s'arrêta portait le numéro 17, et le Marseillais entendit chuchoter derrière cette porte.

« C'est ici, » dit l'officieux.

Il remit la chandelle au Marseillais et s'en alla.

Le Marseillais frappa et dit :

« Ouvre, père Jérôme, c'est moi. »

Le vieux Jérôme reconnut sans doute la voix du Marseillais, car il ouvrit aussitôt, et son visiteur entra dans la mansarde, une vraie mansarde à croisée en tabatière, garnie d'un méchant grabat, d'une table et de deux escabeaux.

Une femme était assise sur le pied du lit de Jérôme. C'était la hideuse créature que nous avons entrevue à l'auberge du *Corbeau vivant* dans la forêt de Sénart, — la Mayotte, — cette femme qui gouvernait le cabaret des Gourju père et fils et exerçait sur eux un despotisme ascendant.

Elle eut un sourire aimable pour le Marseillais.

« Eh bien, dit-elle, as-tu enfin la petite, citoyen ?

— Non, mais je sais où elle est... »

Le visage cauteleux et cruel du vieux Jérôme s'illumina.

« Ah! dit-il, je savais bien que tu ne te laisserais pas enfoncer longtemps par les aristocrates !

— Et j'espère bien, dit la Mayotte, que

nous les verrons monter sur la machine au premier matin.

— Sans doute, dit le Marseillais.

— Où donc est-elle ? demanda Jérôme.

— Dans une maison où il ne sera pas commode de la prendre... Mais, dit le Marseillais en faisant clapper sa langue, il n'y a donc rien à prendre ici ?

— Non, citoyen.

— Je veux boire, moi. »

Olivier Brun tira de sa poche un écu de trois livres et le tendit à la Mayotte.

« Tiens, dit-il, descends jusqu'à la rue Montorgueil, à l'enseigne du *Vin muscat*; tu demanderas deux bouteilles de Bourgogne vieux, et trois verres.

— Ça me va ! » dit la Mayotte qui prit l'écu et sortit sans répliquer.

Quand elle fut partie, le Marseillais cligna de l'œil.

« Nous avons à causer, dit-il, et j'aime autant qu'elle n'y soit pas...

— Pourquoi ? c'est pourtant une brave fille, dit le vieux Jérôme, et qui nous sera utile, citoyen !

— Oui, mais elle déteste la petite.

— Tant mieux !

— Non, du tout ; tant pis ! »

Jérôme ouvrit de grands yeux.

« Je ne comprends plus, dit-il. Je croyais que... une fois la chose arrivée... enfin, vous m'entendez, quoi !

— Va toujours...

— Vous la laisseriez aller dans l'autre monde fort tranquillement. »

Le Marseillais haussa les épaules.

« Tu n'y es pas, dit-il.

— Qu'est-ce que vous voulez donc en faire... votre maîtresse pour tout de bon ?

— Non ; ma femme. »

La surprise du père Jérôme fut telle et lui occasionna un tel soubresaut qu'il fit craquer la toile de son lit de sangles.

« C'est pour cela, dit le Marseillais, que

j'ai renvoyé la Mayotte, car nous avons à causer, mon vieux. »

Le père Jérôme regardait son visiteur et semblait se demander s'il n'était pas le jouet d'un rêve.

Le Marseillais reprit :

« Tu m'as dit ton plan, et le voici : tu te débarrasseras de M. d'Azay le père, de ses fils et de sa fille ; très-bien. Puis, tu te feras nommer maire d'Azay, et tu rachèteras tous leurs biens pour une poignée d'assignats.

— C'est simple comme bonjour, ça, dit le vieux Jérôme avec une naïveté féroce.

— Oui, c'est simple. Seulement, mon vieux, continua le Marseillais, tu parles là comme si la république devait toujours durer. »

Ces mots, articulés froidement, épouvantèrent le citoyen Jérôme.

« Comment ! que dites-vous ? balbutiat-il.

— Ça ne durera pas toujours, mon vieux. Un beau matin, la France en aura assez de la guillotine et du comité de salut public : elle se donnera un roi. Lequel ? Je ne sais pas, mais elle s'en donnera un... Ce sera peut-être un général... peut-être un prince frère ou neveu du défunt Louis Capet !.. Et alors, vois-tu, on remettra un peu d'ordre dans les affaires... On s'informera de ceux qui auront pêché dans l'eau trouble... Toi, par exemple !

— Ah ! dit le citoyen Jérôme frémissant, ne parlez pas de cela, vous me donnez la chair de poule. «

Le Marseillais continua :

« Probablement on te pendra, toi, comme un domestique infidèle... Mais, dans tous les cas, on te fera rendre les terrés et le château d'Azay.

— Mais puisque les maîtres seront morts !

— Raison de plus. Le gouvernement nouveau les confisquera à son profit. Un nouveau gouvernement a toujours besoin d'argent. »

Le malheureux Jérôme frissonnait.

« Heureusement, balbutia-t-il, que nous n'en sommes pas là encore.

— Soit, mais ça viendra.

— Et vous ne voyez pas le moyen de tout empêcher ?

— Si fait, seulement...

— Seulement ? insista Jérôme.

— Calculons, dit le Marseillais. Que vaut le château ?

— Cent mille livres.

— Et les terres ?

— Trois fois autant.

— Cela fait quatre cent mille livres.

— Tout rond, citoyen.

— Si on t'en donnait cent mille en beaux écus, avec un passe-port en règle et la faculté d'aller te promener à l'étranger, où on te ferait la réputation d'un honnête homme, d'un serviteur fidèle qui a conservé le bien de ses maîtres, que dirais-tu ? »

Le citoyen Jérôme eut un éblouissement.

« Je crois, dit-il, que vous vous moquez de moi.

— Mais non, écoute-moi bien. Demain, je suis nommé commissaire extraordinaire dans le département de l'Yonne.

— Vous?

— Moi. J'ai ma nomination dans ma poche. J'arrive là-bas, et je proclame que les biens de tous les émigrés sont confisqués.

— Naturellement, dit Jérôme.

— Je mets aux enchères le château et les terres d'Azay. Personne n'ose les acheter. Tu les as, toi, pour trente mille francs d'assignats.

— Bon. C'est ce que je veux faire.

— Attends encore. Mademoiselle d'Azay est arrêtée, conduite à Auxerre et condamnée à mort.

— Très-bien.

— Mais je la sauve, moi, et je l'épouse... puis, quand la tourmente est passée, tu rends les terres, le château, tu empoches les cent mille francs, et je deviens seigneur d'Azay-sur-Yonne.

— Vous raisonnez bien, vous, dit Jérôme, qui retrouva le sourire astucieux du paysan. Seulement vous me volez...

— Quoi ?

— Trois cent mille livres.

— Mon vieux, dit froidement le Marseillais, il vaut mieux tenir que courir... Et puis, vois-tu, si tu ne décides pas, tu auras tort... »

Le vieux Jérôme regarda son interlocuteur avec inquiétude.

« Je n'ai qu'un mot à dire, qu'un bout de papier à signer, et je t'envoie coucher à la Conciergerie ; et demain tu es condamné à mort comme ayant correspondu avec les émigrés. »

Le citoyen Jérôme courba la tête.

« Farceur ! dit-il, il faut toujours faire ce que vous voulez.

— Tu consens ?

— Il le faut bien.

— Chut ! dit le Marseillais, j'entends le pas de la Mayotte dans l'escalier. »

En effet, la Mayotte revenait avec des verres et les deux bouteilles de vieux Bourgogne.

Quand elle eut déposé le tout sur la table, le Marseillais reprit la parole.

« Maintenant, occupons-nous du père et des frères de la petite.

— Je leur ai envoyé des passe-ports.

— Et tu as contrefait l'écriture de mademoiselle d'Azay?

— Comme toujours.

— Oui, mais il y a une chose que tu ne sais pas.

— Laquelle?

— C'est que la petite a vu Berdin, le cabaretier de la rue de l'Arbre-Sec.

— Elle!

— Oui, elle; et bien certainement tout

s'est expliqué... et ton plan est avorté. »

Jérôme ne fut point abasourdi, comme on aurait pu s'y attendre, par cette confidence. Il se contenta de sourire et répliqua :

« J'ai pris mes précautions.

— Comment!

— De deux choses l'une, reprit Jérôme, ou ma lettre est partie avant que mademoiselle d'Azay ait vu Berdin, ou elle n'est point partie du tout. Or, le messager royaliste, s'il n'est parti il y a trois jours, n'aura plus trouvé monsieur d'Azay et ses fils.

— Ah !

— De cette façon, la petite aura pu lui écrire tout ce qu'elle aura voulu. Ça ne changera rien à mes plans.

— Explique-toi alors.

— Voici. J'ai écrit — toujours comme si

j'étais mademoiselle d'Azay — les lignes que voici : « Pour être bien sûre, mon cher père, que ma lettre vous arrivera, je vous écris en double, et je vous envoie les passe-ports. »

— Ah! tu les a envoyés?

— Oui.

— Par qui?

— Par le fils à ma sœur, qui est soldat dans l'armée de Sambre-et-Meuse, et va rejoindre son corps à Mons.

— Et tu crois que M. d'Azay y sera ?

— D'après la lettre que j'ai interceptée, il doit y arriver aujourd'hui même, déguisé en colporteur.

— Fort bien.

— Dans la prétendue lettre de mademoiselle d'Azay, continua Jérôme, il est recommandé au baron d'éviter d'entrer à Paris tout de suite, et de se rendre à Mongeron.

— Ah! ah!

— Et de là au cabaret du *Corbeau vivant*, où il me trouvera, moi, Jérôme.

— Je commence à comprendre, murmura le Marseillais.

— Et nous lui ferons son affaire, ajouta la Mayotte avec son hideux sourire. Mais, dit-elle encore, c'est la petite que je voudrais tuer...

— Ah! ah! ricana le Marseillais.

— Oh! celle-là, poursuivit la Mayotte, si je ne l'étranglais pas je la porterais moi-même sur la machine.

— On tâchera de te procurer ce petit agrément, » répondit le Marseillais.

Il vida son troisième verre de vin et se leva.

« Bonsoir, mes enfants dit-il.

— Vous partez, citoyen ?

— Oui, j'ai de la besogne cette nuit.

— Quelle heure est-il ?

— Neuf heures sonnent. »

Le Marseillais s'affubla de son manteau et enfonça son chapeau sur ses yeux.

La Mayotte prit la chandelle pour lui éclairer.

« Ce n'est pas la peine, dit-il, j'y vois la nuit... comme les chats. »

Et il s'en alla.

Quand il fut parti, la Mayotte dit à Jérôme :

— Vous dites donc qu'il est robuste, le vieux...

— Qui, M. d'Azay?

— Oui.

— Il est robuste comme un jeune homme, et ses fils sont de vrais hercules.

— Alors, il y aura de la besogne.

— Mais ton homme est fort, lui aussi ?

— Et le vieux, donc! Il vous les saignera l'un après l'autre comme des poulets... car je suppose bien que nous nous y prendrons un peu de *traîtrise*.

— C'est le seul moyen, observa Jérôme avec calme.

— Oh! j'ai mon idée, moi, » fit la Mayotte.

Et sans doute elle allait développer cette idée au vieux Jérôme lorsque des pas précipités retentirent dans l'escalier.

« Ouvre! c'est moi! » dit la voix du Marseillais.

Jérôme ouvrit, et Olivier Brun, fort agité, rentra dans la mansarde.

« Tiens! qu'est-ce que vous avez donc? » demandèrent à la fois Jérôme et la Mayotte.

Pour toute réponse, le Marseillais prit la table et la plaça verticalement au-dessous de la croisée en tabatière.

Puis il monta sur la table et souleva le châssis.

« Heureusement, murmura-t-il, que j'ai été couvreur de mon métier. »

Et leste comme un singe, il se hissa sur le toit, qui était fortement incliné, ôta ses souliers et les jeta dans la mansarde.

« Mais qu'est-ce qu'il fait donc ? » demanda la Mayotte.

Le Marseillais, déjà établi sur le toit, se pencha et dit impérieusement :

« Éteignez la chandelle !

— C'est drôle tout de même, pensa Jérôme.

— Et ne bougez pas! » acheva le Marseillais.

La Mayotte éteignit la chandelle.

Alors le Marseillais se mit à ramper sur le toit et descendit jusqu'à la gouttière; puis là, il se ramassa sur lui-même comme un chat et plongea un œil ardent dans la rue.

« J'ai bien fait de venir ici, murmura-t-il, je crois que je suis sur la trace des masques rouges... Et si je les prends, oh! je les ferai guillotiner jusqu'au dernier... et je serai le chef suprême de la police! »

CHAPITRE QUINZIEME

XV

Le lendemain du jour ou le citoyen Isnard était traduit au tribunal secret des masques rouges, tandis que le Marseillais montait sur le toit de l'hôtel garni où demeurait le vieux Jérôme; un passant s'acheminait vers le quartier latin.

C'était un homme de trente-quatre à trente-cinq ans environ, de taille moyenne, maigre, chétif et anguleux en ses formes, aux lèvres minces, au front droit, à l'œil gris et vif.

On eût dit le masque de Voltaire à trente-cinq ans.

Sa mise était un mélange de recherche et d'austérité.

Culotte de casimir noir, bas de soie de même couleur, grand gilet blanc à larges revers, habit sombre, cheveux poudrés, claque sous le bras, clefs de montre parallèles, attachées aux deux goussets par des rubans de soie moirée, souliers irréprochablement cirés, mains gantées avec soin.

Dix ans plus tôt, on eût juré que cet homme était un abbé. Trois ans après, on eût parié pour un homme de loi, juge ou procureur, voire même avocat. A cette heure où l'habit et la carmagnole se coudoyaient, on ne savait plus.

Était-ce un *ci-devant*, c'est-à-dire un gentilhomme; était-ce un homme du *tiers*, comme on disait naguère?

Non.

Ce personnage n'était autre que la plus forte tête de la république une et indivisible, le citoyen Maximilien Robespierre, membre et président de fait du terrible comité de salut public.

Il marchait assez vite, mais avec mesure, avec calme, comme marchent les gens qui savent que la terre qu'ils foulent leur appartient.

De temps à autre, il souriait.

Pourquoi ce sourire? C'est qu'un homme en carmagnole, en bonnet rouge, avait passé près de lui et l'avait salué, le reconnaissant.

Au moment où il abordait le pont Neuf, un jeune homme, un enfant plutôt, un de ces éternels gamins de Paris qui ont l'audace du jeune âge, la forfanterie de l'adolescence, la sagesse de la vieillesse et la sobre résolution de l'âge mûr, ôta son bonnet et s'écria :

« Vive le seul ami de la république ! »

Robespierre alla droit à lui, le prit par l'oreille et lui dit :

« Mon petit bonhomme, je te remercie de ton souhait, et je vais t'en récompenser par un bon conseil. Quand on veut que la république vive, il ne faut pas dire qu'elle n'a qu'un ami. »

L'enfant comprit et corrigea son vivat.

« Vive le citoyen Robespierre ! dit-il.

— Chut ! pas d'enthousiasme, » dit le citoyen Robespierre.

Il mit deux sous dans la main du gamin et passa.

Au bout du pont Neuf, il prit la rue Dauphine ; puis, au bout de la rue Dauphine, il tourna dans la rue Saint-André-des-Arts, et entra dans le passage du Commerce.

Il était alors neuf heures du matin, le ciel était gris, il faisait froid.

La portière d'une maison à allée étroite et obscure, dans laquelle le citoyen Robespierre entra, le prit pour un ci-devant et lui dit brutalement :

« Où vas-tu, citoyen ?

— Chez le citoyen Danton. »

Ce nom força la portière à saluer.

« Je te demande pardon, citoyen, dit-elle ; je te prenais pour un aristocrate. »

Robespierre sourit en homme à qui la méprise n'était point désagréable.

« C'est au premier, dit la portière.

— Quelle porte ?

— Il n'y en a qu'une. »

Robespierre gagna l'escalier ; et tout en montant, il murmura :

« Danton a tort de demeurer au premier, je loge bien au troisième, moi ! »

Ce qu'il y avait de plus mal dans la maison où pénétrait le citoyen Robespierre, c'était l'entrée. Obscur d'abord, l'escalier s'élargissait. Le repos du premier étage était spacieux, et le rigide républicain trouva la porte unique mœlleusement doublée de drap vert capitonné.

« Cet homme est un aristocrate ! » murmura-t-il, toujours souriant.

Et il sonna.

Un garçon de quinze ans vint ouvrir ; c'était l'officieux, c'est-à-dire un individu qui cirait les bottes, lavait la vaisselle, balayait, époussetait, portait les lettres, mentait par ordre, rudoyait certains visiteurs, accueillait les autres avec empressement, recevait la pièce au besoin, mais, n'était plus domestique.

La république, en sa maternelle sollicitude pour l'égalité des hommes, avait changé le nom. Le domestique était devenu un *officieux*.

Or, comme les valets seront toujours des valets, quelque nom qu'on leur donne, à moins qu'ils ne se fassent perruquiers, ce qui est absolument la même chose, l'*officieux* du citoyen Danton toisa le visiteur et éprouva une impression toute contraire à celle de la portière.

Il crut comme elle que le visiteur était un *ci-devant*, mais au lieu de prendre un ton rogue, il salua jusqu'à terre.

L'*officieux* du citoyen Danton ne pouvait pas être hostile à la république ; mais il regrettait *in petto* l'ancien régime, attendu qu'à cette époque on portait la livrée et les bas blancs.

« Ton maître est-il là ? demanda Robespierre.

— Oui, monsieur le ba...

— Tais-toi, drôle !

— Oui, monsieur.

— Appelle-moi donc citoyen, imbécile ! »

Le jeune homme rougit, et comme le visiteur entrait dans une première pièce, sobrement, mais confortablement meublée, il demanda :

« Qui annoncerai-je ?

— Robespierre. »

Ce nom unique, froidement articulé, épouvanta l'officieux.

Il ouvrit une porte et annonça d'une voix émue :

« Monsieur le citoyen Robespierre ! »

Un large éclat de rire se fit entendre ; puis un homme, enveloppé dans une robe de chambre à retroussis cerise, le cou dégagé, la tête nue, les cheveux rejetés en arrière, se montra sur le seuil de la porte ouverte par l'officieux.

C'était Danton.

Il tendit la main à Robespierre et lui dit :

« Entrez donc, cher collègue, et excusez ce petit niais qui s'imagine toujours que nous sommes de grands personnages, parce que nous faisons les affaires de l'État.

Le sourire n'avait point abandonné les lèvres de Robespierre.

Il pénétra dans la seconde pièce, qui était le cabinet de l'homme d'Etat, et jeta autour de lui un rapide coup d'œil.

Le cabinet de Danton était tendu d'un papier vert, meublé avec une recherche artistique, orné de tableaux.

« Aristocrate ! » dit Robespierre.

Ce mot choqua Danton.

« Ah ça, mon cher, dit-il en enflant sa

vaste poitrine et avançant un siége à son terrible collègue, vous venez de prononcer un mot dont je vous remercie, car vous provoquez une explication entre nous. »

Robespierre s'assit, passa une main dans son gilet, appuya l'autre sur la pomme d'ivoire de sa canne qu'il plaça entre ses jambes et répondit :

« Justement, je venais vous en demander une.

— Eh bien! dit le tribun avec calme, mais de cette voix sonore qui faisait vibrer les échos de la Convention, je vais vous la donner. »

Et il s'assit à son tour, croisa les jambes, mit ses mains dans ses poches, et laissa peser son fier regard sur Robespierre.

« Voyons, dit-il, qu'appelez-vous un républicain, à qui donnez-vous le nom d'aristocrate ? Le premier est-il un homme qui fume, boit, sent mauvais, est mal vêtu, loge à la nuit et se roule dans le ruisseau ?

Et celui qui aime à bien vivre, dort dans un lit, mange à son choix, a horreur du mauvais vin et préfère un fauteuil à un escabeau, est-il un aristocrate ? Moi, je l'avoue, moi, Danton, j'aime à avoir mes aises. Quand je rentre fatigué des luttes de la tribune, lassé sous le poids des affaires publiques, je ne dédaigne point l'édredon, je ne fais pas fi d'un fauteuil ; si j'ai faim, je préfère un perdreau truffé ou un suprême de faisan à quelque ragoût noir et nauséabond, singeant l'affreux brouet des Spartiates. Si j'ai soif, je bois du vieux vin. Est-ce un crime ?

— Non, dit Robespierre.

— Après cela, poursuivit Danton, je ne fais pas grande attention à mon costume, je ne brosse pas mon habit du matin au soir. Je suis négligé, comme on disait sous la monarchie. Mais, bah ! il y a des femmes qui ne détestent point cette incurie et qui préfèrent un large front, une voix robuste, un clair regard, à la coupe d'un habit et à la tournure d'un gilet. »

Robespierre souriait toujours.

Danton reprit :

« Vous, au contraire, vous êtes un homme austère ; vous demeurez rue Saint-Honoré, dans une maison borgne, au troisième ; votre logement est frotté en rouge, meublé de chaises de paille, triste, sombre, humide. Les citoyens qui viennent chez vous vous y trouvent; le matin, déjeunant avec une frugalité laconienne, signant des papiers publics d'une main, récurant une coquille d'œuf de l'autre.

» Quel grand citoyen ! disent-ils en vous voyant.

» Cependant, l'heure de sortir est venue. Alors, le vieil homme dépouillé un moment reparaît tout à coup. Robespierre chez lui affiche la pauvreté et les œufs à la coque,

mais Robespierre au dehors n'est pas

Robespierre pour tout le monde. Il est des

badauds qui ne connaissent point son

son masque, il trouve des femmes qui ont

des illusions sur lui.

» Alors le citoyen Robespierre se fait

poudrer à l'oiseau royal, il enrubane sa

queue ; son gilet est éblouissant de blan-

cheur ; les bouffettes de ses souliers sont

irréprochables, son bas est tiré comme celui d'une danseuse.

» Si, par hasard, en le voyant passer dans la rue, on le prend pour un ci-devant, Robespierre sourit, il est heureux. Voyons, cher collègue, lequel de noux deux est un aristocrate ? »

Robespierre n'avait pas cessé de sourire.

« Je ne sais pas, dit-il, l'un et l'autre, peut-être.

— À la bonne heure! s'écria Danton. Ayons au moins, pendant que nous sommes seuls, la franchise des prêtres romains qui ne pouvaient se regarder sans rire.

— Vous avez raison, dit Robespierre.

— Et pour clore la discussion, acheva Danton, convenez de ceci : vous êtes un petit maître et moi un viveur! Votre mauvais estomac vous a conduit au goût de la toilette, mon tempérament me prescrit les truffes, le vieux vin et les jeunes femmes. Ceci posé, faisons les affaires de la république! »

Alors Robespierre et Danton devinrent sérieux et se regardèrent sans rire.

« Vous ne venez pas chez moi, à neuf heures du matin, dit Danton, sans un motif grave.

— C'est vrai.

— Parlez, je vous écoute.

— Mon cher, reprit Robespierre, je sais bien que nous passerons pour des monstres aux yeux de la postérité. Mais qu'y faire? Nous voulons fonder la république, et, pour y arriver, il faut saper tous les fondements du régime passé. Les têtes tombent, mais ces têtes étaient sur des épaules royalistes, il faut bien nous défaire des royalistes, si nous voulons empêcher à tout jamais le retour de la royauté

La première des conditions de succès en politique, c'est la logique.

— Après ? dit froidement Danton...

— Ni les massacres de septembre et du 10 août, reprit Robespierre, ni l'exécution de Louis XVI, ni toutes les mesures extrêmes et terribles que nous avons prises depuis n'ont exterminé ou simplement découragé les hommes attachés à l'ancien ordre de choses.

— Cependant, observa Danton, les aristocrates, les royalistes diminuent singulièrement à Paris.

— C'est une erreur, dit Robespierre, les complots royalistes s'ourdissent dans l'ombre.

Danton haussa les épaules.

« Chaque jour, poursuivit Robespierre, la police découvre...

— Quelle police? interrompit Danton avec brusquerie.

— La nôtre.

— La vôtre, voulez-vous dire ? Car moi, dit Danton, je n'aime pas les espions, et, si parfois j'ai à faire à eux, je ne crois que la dixième partie de ce qu'ils me disent. Voyons, poursuivit le tribun, sans laisser à Robespierre le temps de s'expliquer, on vous a annoncé un nouveau complot ?

— Oui.

— Qui donc ?

— Un homme qui a déjà rendu de grands services à la république.

— Comment l'appelez-vous ?

— Olivier Brun.

— Je ne le connais pas, dit Danton.

— Pardon, on l'appelle le *Marseillais* !

Danton tressaillit.

« Ah ! dit-il avec curiosité, celui qui a découvert la conspiration des gendarmes ?

— Justement.

— Eh bien! qu'a-t-il découvert encore ?

— Un complot immense.

— Bah !

— Une association qui a des ramifications sans nombre, et qui n'a d'autre but que celui de renverser la guillotine.

— Bah! fit Danton, ce n'est pas un but politique, cela.

— Ah ! vous croyez ?

— Et on renverserait la guillotine que la république ne s'en porterait pas plus mal. »

Ces mots firent froncer le sourcil à Robespierre.

« En attendant, continua-t-il, l'association sauve les aristocrates condamnés. »

Danton tressaillit de nouveau.

« Hier encore... »

Robespierre n'acheva pas.

L'officieux du citoyen Danton entra et remit une carte à son maître.

« On demande à vous voir sur-le-champ, dit-il.

Danton lut les mots écrits sur la carte, pâlit légèrement, puis fit un effort suprême, et ramena le sourire sur ses lèvres.

« Mon cher collègue, dit-il à Robespierre, j'avais raison tout à l'heure de vous dire que j'étais un viveur... Blâmez-moi, mais ne me condamnez pas !

— Qu'est-cé ? » demanda Robespierre inquiet.

Danton mit un doigt sur ses lèvres.

« Maximilien Robespierre, l'homme privé, est-il discret ?

— Autant que l'homme public.

— Eh' bien! dit Danton, c'est... une femme ! »

Robespierre eut un sourire mélangé d'indulgence et de dédain.

« Donnez-moi dix minutes, reprit Danton. Tenez, restez-là, voici les papiers publics... Je suis à vous tout à l'heure.

Et il sortit, refermant prudemment sur lui la porte de son cabinet, afin que Robespierre ne put voir la personne qui le venait visiter.

La carte que son officieux venait de remettre au citoyen Danton, portait ces mots :

L'homme qui a sauvé Armande!

Or, on s'en souvient, l'homme qui avait suivi Farandole, un soir, et qui l'avait confiée aux masques rouges, avait fait le serment de recevoir *sur-le-champ* la personne qui se présenterait chez lui en invoquant ce souvenir.

. . . .

Un homme dont le visage était dissimulé par un vaste chapeau, attendait dans l'antichambre.

Mais Danton vit flamboyer un regard qu'il reconnut.

Il ouvrit précipitamment une porte, la porte d'un cabinet de toilette, et dit à son visiteur en posant un doigt sur ses lèvres :

« Chut ! Robespierre est chez moi.

— Je le sais.

— Entrez là ! » dit Danton étonné.

Et il s'enferma avec le nouveau venu.

CHAPITRE SEIZIEME

XVI

Tandis que Danton était à ce prétendu rendez-vous de femme qu'il avait annoncé à son collègue, Robespierre se promenait de long en large dans le cabinet

« Oui, murmurait ce petit homme sec, bilieux, méthodique, on dira tout ce qu'on voudra, je suis la logique, c'est-à-dire le bon sens, la raison, ce qui marche droit au but.

« Danton est la fantaisie.

« Cet homme a la tournure d'un tribun. Il parle haut, sa voix est sonore, son geste a de l'ampleur. Tantôt il est caressant, tantôt terrible ; c'est un bel instrument, mais un instrument qu'un rien peut détraquer. Faussez le pavillon, si c'est une trompette, cassez une corde, si c'est une basse... plus rien...

» Moi, je suis sobre comme un chiffre, inexorable comme lui. Je suis la tête, ces gens-là sont les bras. J'ordonne, ils obéissent. Le bras peut faiblir, mais la tête veut et la volonté est une ; elle n'a pas de terme moyen, elle est ou n'est pas.

» Ils se sont mis avec moi, tous ces

hommes; ils se sont groupés autour de moi; ils se sont dit comme moi : nous voulons fonder la république.

» Folie !

» La république, c'est l'avenir, c'est le rocher de Sisyphe qui, longtemps retombant du point d'appui factice qui lui était donné, finit par trouver un équilibre véritable.

» Ces gens-là ne sont pas de force à soutenir le rocher avec leurs épaules, il les écrasera ! Les uns ont des amis, d'autres des parents, d'autres des maîtresses... Chacun d'eux a laissé quelque chose dans l'ancien régime, aucun d'eux n'est homme à y renoncer !... Moi, au contraire, moi, Maximilien de Robespierre, moi, nobliau de robe, moi, ambitieux d'hier, je suis un homme fort aujourd'hui, j'ai envisagé l'avenir, j'ai regardé sans pâlir ce renom épouvantable qui m'attend... On m'appellera le tigre, l'hyène, le monstre altéré de sang! Qu'importe ? le but est là ! Je veux fonder la république, et je la fonderai si je vis, si ma tête reste sur mes épaules, tandis que les têtes des ennnemis de la république tomberont.

» J'ai divorcé avec le passé, j'ai abandonné amis, parents, alliés, tout !..

» Je veux être le Richelieu de ce siècle, la hache qui frappe sans relâche et sans trêve, et fait dire à celui qui la brandit :

Je n'ai pas d'ennemis! mes ennemis sont ceux de l'Etat.

Tandis qu'il parlait ainsi à mi-voix, marchant d'un pas inégal, en proie, lui, l'homme calme, à une surexcitation nerveuse, la porte se rouvrit.

Danton entra.

Le tribun était calme, souriant, semblable au lion qui se complaît en sa force.

« Vous disiez donc, mon cher collègue, reprit-il en souriant et s'accoudant à la cheminée, que Paris est infesté d'une association qui... que... quoi... Ma foi ! veuillez me pardonner... je ne me souviens plus. »

Robespierre jeta sur lui un regard de pitié.

« Les femmes vous troublent la tête, dit-il.

— Quelquefois... j'en conviens.

— Avez-vous renvoyé celle-là ?

— Oui.

— Alors, nous pouvons causer ?

— Je vous écoute. »

Robespierre reprit :

« Il s'est formé à Paris une association politique...

— Dans quel but ?

— Dans le but de renverser la guillotine.

— Après ?

— Le comité de salut public.

— Après ?

— Votre calme m'étonne...

— Il ne devrait pas vous étonner, mon cher collègue.

— Ah !

— Et voici pourquoi : la république ayant autorisé les clubs, le droit d'association existe.

— Soit.

— La guillotine ayant semé le deuil un peu partout, il n'est pas étonnant qu'on songe à la renverser.

— Après? fit Robespierre à son tour.

— Quant au comité de salut public, voyons! est-il ou n'est-il pas le pouvoir exécutif de la république?

— Il l'est.

Alors Danton rejeta fièrement sa belle tête en arrière et passa sa main frémissante dans les boucles noires de sa chevelure touffue.

« Ah! ça! mon cher, dit-il, vous n'êtes pas fou, cependant ?

— Je ne le crois pas.

— Eh bien, qu'importe à la république, qu'importe au comité de salut public qui la représente, une association quelconque? La république n'est-elle pas le soleil naissant qui luit sur le monde? et le soleil levant a-t-il souci des brumes qui l'entourent et s'efforcent d'obscurcir ses rayons ?

— Phrases que tout cela ! dit Robespierre.

— Soit, mais c'est avec des phrases qu'on mène le monde... Voyons, raisonnons... Qu'est-ce que cette association ?

— Elle se compose de gens résolus.

— Où se réunit-elle ?

— Un peu partout.

— Quels résultats a-t-elle obtenus ?

— Elle a sauvé plus de deux cents royalistes.

— De qui tenez-vous ces détails ?

— De ma police.

— Ah ! ça, dit Danton en riant, vous avez donc une police, vous ?

— Pas moi, mais le comité.

— J'en suis aussi, moi, du comité.

— Aussi, viens-je...

— Pardon, interrompit froidement

Danton, si on vous fait des rapports, pourquoi ne m'en fait-on pas ?

— Mais c'est pour cela que je suis venu, mon cher collègue.

— Alors, expliquez-vous.

— L'homme qui m'a fait ces rapports, doit être, à l'heure qu'il est, dans votre antichambre.

Un coup de sonnette interrompit Robespierre.

« Ou bien le voilà, » dit le collègue de Danton.

L'officieux reparut.

« On demande monsieur le citoyen Robespierre, dit-il.

— Voilà un drôle, murmura Danton, qui me fera guillotiner ! il tient à ce que l'on me prenne pour un aristocrate. »

Robespierre souriait.

« Fais entrer, » dit brusquement Danton.

— Venez, monsieur le citoyen ! » dit l'officieux en rouvrant la porte.

Un homme apparut, c'était le Marseillais.

Il entra, souriant, cauteleux, son bonnet rouge à la main, l'échine souple comme un juif.

« Qui êtes-vous ? lui dit brutalement le tribun.

— C'est l'homme dont je vous parlais, » dit Robespierre.

Mais Danton ne parut pas avoir entendu.

« Qui êtes-vous ? répéta-t-il.

— Je me nomme Olivier Brun, citoyen.

— Votre profession ?

— Agent de police.

— N'avez-vous pas un autre nom ?

Le Marseillais était inquiet, il répondit avec émotion :

« On m'appelle vulgairement le *Marseillais.* »

Quand un souffle de la tempête a passé sur la forêt, le chêne, un moment courbé, se redresse superbe.

Tel se redressa Danton à ce nom.

Son œil lançait des éclairs, sa voix était brillante et sonore, son geste dominait, sa lèvre exprimait le dédain.

« Ah! dit-il, c'est vous! »

Et de son regard d'aigle il l'écrasa.

Le Marseillais se prit à trembler. Robespierre, qui jusque-là s'était promené de long en large, s'arrêta indécis.

« C'est vous, répéta Danton, vous qu'on nomme le *Marseillais* ?

— Oui, citoyen.

— Et vous osez venir ici ?

— Mais... » balbutia le Marseillais, qui regarda, éperdu, le citoyen Robespierre.

Danton justifia l'accusation de Robespierre, il devint tout à coup un aristocrate.

« Ah! ça, drôle, dit-il, tu te permets de venir chez moi, de franchir le seuil de ma maison, de souiller mon toit ? »

Et se tournant vers Robespierre :

« Ce misérable, dit-il, est un aristocrate déguisé. Il n'est pas Marseillais, il est de Grasse. Il n'est pas républicain, il est simplement l'ennemi des nobles. Il n'aime pas la république, mais il veut s'enrichir à ses dépens. Ce qu'il veut, c'est de l'or, une femme riche, un château! Cet homme est un misérable, et tous ses rapports de police ne sont que de honteuses machinations destinées à le débarrasser des gens qui savent les crimes qu'il a commis. »

Et sans attendre que Robespierre parlât, Danton marcha droit au Marseillais, le prit par le bras, ouvrit la porte, et le jeta dans l'antichambre.

Puis il referma la porte et dit froidement à Robespierre.

« Mon cher, je commence à croire que vous avez été dupe.

— Dupe de qui ?

— De cette canaille.

— Mais... mon cher collègue...

Danton haussa les épaules.

« Vous êtes fou! dit-il, fou à lier!... Comment se peut-il qu'un homme comme vous prenne au sérieux ces anciens valets de la monarchie qui sont devenus les courtisans de la république?

— Cependant...

— Cet homme est un misérable, un lâche, un criminel!

— D'où le savez-vous?

Cette question embarrassa Danton; mais il répondit presque aussitôt :

« Moi aussi, j'ai ma police. »

Ces cinq mots eurent un singulier effet.

Robespierre et Danton demeurèrent un moment silencieux, vis-à-vis l'un de l'autre.

Enfin Robespierre reprit :

« Prenez garde, mon cher collègue, je crois que vous traitez légèrement les plus chers intérêts de la république. »

Danton ne sourcilla point, mais son cœur battit violemment.

« Qui donc vous autorise à parler ainsi ? demanda-t-il.

— Personne.

— Alors... »

Un sourire cauteleux glissa sur les lèvres de Robespierre :

« Pardonnez-moi, dit-il. Je crois que je me suis trompé. »

Et il fit un pas de retraite.

« Vous partez? dit Danton.

— Oui.

— Pourquoi ?

— Mais, dit Robespierre toujours souriant, parce que je n'ai plus rien à faire ici.

— Que voulez-vous donc dire?

— Je venais vous dénoncer un complot contre la république, et vous n'y croyez pas!...

— Mais...

— Cela me suffit! Au revoir... »

Et Robespierre se dirigea vers la porte. Danton, saisi de vertige, n'osa le retenir.

Sur le seuil, la forte tête de la république se retourna :

« Mon cher, dit Robespierre, Vergniaud a dit à la tribune, un jour, que la révolution dévorerait ses enfants. Prenez garde ! »

Et il sortit.

Danton atterré se laissa tomber sur un siège et passa une main sur son front :

« Cet homme, murmura-t-il, est désormais mon ennemi mortel ? »

Puis il eut froid au cœur.

« Et, ajouta-t-il tout bas, il me semble que ma tête branle sur mes épaules... »

Puis encore un nom vint à ses lèvres...

Mais comme il allait prononcer ce nom, une main le toucha, s'appuyant sur lui.

Danton tressaillit, étouffa un cri, se redressa.

« Vous! » dit-il.

L'inconnu avec lequel, tout à l'heure, il

s'était enfermé, se trouvait derrière lui.

« J'ai tout vu, tout entendu, dit-il. Merci ! »

Danton se renversa, accablé, sur le dossier de son siége :

« Ah ! dit-il, vous voyez que j'ai tenu parole.

— Oui.

— J'ai rempli la promesse que j'avais faite à ceux qui ont sauvé Armande.

— Oui.

— Et tenez, ajouta le tribun, cette promesse, ce serment.. savez vous ce que c'est ?

— Parlez...

— C'est ma tête. »

L'inconnu demeura calme.

« Non, » dit-il.

Danton secoua la tête.

« Non ; car nous vous sauverons ! »

Mais soudain Danton se redressa. Il était effrayant à voir ; il avait le front pâle et l'œil rempli d'éclairs. Il prit le bras de l'inconnu et le secoua rudement.

« Ecoutez-moi donc ! s'écria-t-il. Vous avez vu l'homme qui sort d'ici ? C'est une hyène, une bête féroce, un tigre, un monstre, tout ce que vous voudrez ! Mais cet homme au sourire qui tue, au calme empoisonné, avocat au geste sobre, ce bourreau à cheveux poudrés, l'avenir qui le maudira sera impuissant à le flétrir. Il passera, le sanguinaire ! étincelant et pur comme l'acier aux yeux des générations futures ! et savez-vous pourquoi ? parce qu'il n'aura eu ni cœur, ni âme, ni entrailles, mais simplement un cerveau bien organisé, une volonté complète, une intelligence pleine de logique ! Moi, au contraire, moi, Danton le fougeux ; moi, Danton le superbe, moi, Danton le tribun, moi qui, dans un moment de zèle et de sanguinaire enthousiasme, ordonnai les massacres de septembre, moi qui ai voté la mort du roi, moi qui ai signé des arrêts de mort; mais moi qui avais du cœur, moi qui avais aimé, souffert, pleuré, espéré; moi qui aurai faibli un jour, une heure, quelques minutes; moi à qui la nature avait donné un tempérament humain, une âme fougueuse, une organisation humaine, je passerai à la postérité, exécré par les uns, blâmé par les autres, en état de suspicion vis-à-vis d'un grand nombre, apprécié à ma juste valeur par la minorité! On ne discutera pas Robespierre. Il aura des ennemis acharnés et des admirateurs! Moi, au contraire, les ennemis de la république me traîneront dans la fange, et ses amis ne me défendront pas!...

— Les uns et les autres vous défendront, murmura l'inconnu.

— Non, » dit Danton.

Et puis il se leva.

« Adieu, » dit-il.

Le mot équivalait à un congé.

L'inconnu se dirigea vers la porte.

« Citoyen, dit-il, quoi qu'il arrive, comptez sur nous. »

Mais le tribun eut un accès de colère.

« Il y a deux hommes en moi, dit-il. Il y a Danton l'homme d'autrefois, l'homme qui a aimé, l'homme qui a faibli... Celui-là vous remercie ! Mais il y en a un autre, aussi, — il y a Danton l'homme politique, Danton le représentant du peuple, Danton le défenseur de la liberté, et celui-là vous défend de vous occuper de lui !.. »

L'inconnu sortit et murmura en traversant l'antichambre :

« Voilà un homme que nous venons de

condamner à mort, et qui ne veut pas qu'on le sauve ! » . . . .

. . . .

Dans la rue, deux hommes cheminaient tranquillement côte à côte et causaient comme deux vieux amis.

L'un était le citoyen Robespierre.

L'autre le Marseillais.

Le citoyen Robespierre disait à son compagnon :

« Nous sommes battus aujourd'hui... mais, sois tranquille, si tu peux me prouver, un jour ou l'autre, que Danton a des relations avec les *masques rouges*, malgré son cou de taureau, je te promets que sa tête ne tiendra pas longtemps en équilibre sur ses épaules !... »

# CHAPITRE DIX-SEPTIEME

XVII

Trois jours après son entrevue avec le Marseillais, la Mayotte était retournée au cabaret du *Corbeau vivant*.

C'était le soir.

Un feu de fagots flambait dans la cheminée et projetait dans la salle d'auberge une lueur tremblotante.

Le père Gourju, le *Vieux*, comme on disait, et son fils, maître Nicolas Gourju, étaient assis sous le manteau de l'âtre et fumaient leur pipe.

La Mayotte allait et venait par la salle, rangeant les assiettes et les pots sur l'étagère d'un vieux bahut, donnant un coup de balai sous la table et mettant en place les escabeaux.

Le vieux aspira coup sur coup deux bouffées de fumée qu'il rendit lentement, et dit :

« L'hiver est mauvais, la pratique ne donne pas. »

Nicolas Gourju et la Mayotte se regardèrent silencieusement et haussèrent les épaules.

Le Vieux continua :

« L'année dernière, il passait des charretiers, des voyageurs... des commis de finances... Il y avait quelquefois un bon coup à faire... mais, cette année, il n'y a rien... rien du tout !.. »

La Mayotte vint s'asseoir au coin du feu.

« Nous avons donc gagné bien de l'argent l'année dernière ? dit-elle.

— Dame! fit le vieux, qui sembla se complaire dans ses souvenirs... il y eut d'abord le colporteur...

— C'est vrai. Combien avait-il ?

— Septante-neuf francs.

— Bon ; et puis ?

— Et les deux rouliers que nous avons enterrés dans la cave !

— A eux deux, dit la Mayotte, ils n'avaient que trente-six livres.

— C'est toujours ça! et le curé... tu sais, le curé qui se sauvait et qui n'avait pas voulu prêter serment?

— Oh! celui-là, dit maître Nicolas Gourju, il nous a fait plus riches que tous les autres ensemble. Il avait mille livres sur lui, et c'est avec ces mille livres que j'ai acheté les trois arpents du champ dans lequel nous l'avons enterré. »

Le vieux comptait.

« Septante-neuf et trente-six font cent quinze, et mille font onze cent quinze. C'est un beau brin d'argent, ça...

— Bah! fit la Mayotte, l'année n'est pas finie, nous ne sommes encore qu'au mois de mars.

— Mais elle a mal commencé...

— Hé! Nicolas, murmura la Mayotte, il est embêtant le Vieux; il n'est jamais content, dame!

— Il n'y a pas de quoi l'être...

— Vieille bête! Sais-tu si nous n'aurons pas ce soir une belle besogne? »

Le vieux secouait la tête.

La Mayotte prit un air à la fois goguenard et caressant.

« Voyons, papa, dit-elle, qué que vous payez sur la nouvelle affaire?

— Quelle affaire?

— La prochaine... celle qui viendra. »

Le Vieux haussa les épaules.

« Ça ne sera pas ce soir, dans tous les cas, dit-il. Il fait un vent de chien au dehors, la nuit est noire et les voyageurs restent chez eux.

— Supposons qu'il en viendra...

— Bah! je parie...

— Ne pariez pas; dites simplement ce

que vous donnez... Car, vous le savez, papa, chacun à sa part quand nous faisons un coup.

— C'est trop juste petiote.

— Un tiers chacun, c'est la loi, reprit la Mayotte, vu que les bons comptes font les bons amis.

— Tu parles bien, *ma bru,* » dit le Vieux.

Quand le Vieux appelait la Mayotte *ma*

bru, c'est qu'il était en belle humeur ; car le reste du temps il se posait en puritain et grommelait contre l'union illégitime de son fils et de la mendiante.

« Dame, reprit la Mayotte, s'il y a une affaire cette nuit, que payez-vous ? »

Le Vieux dressa l'oreille.

« Est-ce que tu aurais vent de quelque chose ? demanda-t-il.

— Non, c'est une supposition. »

Le Vieux rebourra sa pipe, l'alluma et se tut.

« Voulez-vous me donner la moitié de votre tiers ?.. »

Le Vieux fit un geste dédaigneux.

« Il ne viendra personne, dit-il.

— Mais enfin... s'il vient quelqu'un ?

— Je veux bien, dit le Vieux : peut-être que ça nous amènera une aubaine.

— Alors, reprit la Mayotte, faut bien nous entendre. Mettons qu'il vient quelqu'un...

— Bon !

— Il y a trente livres, nous les prenons.

— Naturellement, dit le Vieux avec une simplicité patriarcale.

— C'est dix francs pour Nicolas...

— Oui.

— Dix francs pour moi.

— Oui, et dix francs pour moi.

— Non, fit la Mayotte, pour vous c'est cinq francs, puisque vous me donnez la moitié de votre tiers.

— C'est juste, dit le Vieux, qui fit la grimace, mais puisqu'il ne viendra personne, je ne risque guère de m'engager...

— Est-ce dit ?

— C'est dit. »

La Mayotte eut un odieux éclat de rire et se tourna vers maître Nicolas Gourju, qui avait assisté, impassible et muet, à ce pacte entre son père et sa concubine.

« Le Vieux est volé ! » dit-elle.

CHAPITRE DIX-SEPTIEME
(Suite.)

XVII

Ces mots firent se trémousser le petit vieillard sur sa chaise.

« Qu'est-ce ? qu'y a-t-il ? qu'est-ce que vous voulez dire ? » fit-il.

Nicolas Gourju riait, faisait chorus avec la Mayotte.

« Il y a donc du nouveau ? demanda le Vieux.

— Oui.

— Vous attendez quelqu'un..... ce soir ?

— Des ci-devant, vieux papa, des gens qui ont de l'or. . entends-tu ! Mais ce qui est dit est dit... n'est-ce pas ? »

Le Vieux eut un soupir lamentable; puis il darda son œil gris sur la Mayotte.

« Ah ! coquine ! dit-il, si tu n'avais pas ton homme pour te soutenir...

— Ce qui est dit est dit, père, répliqua rudement maître Nicolas Gourju.

— Mais pourtant...

— Bah ! fit la Mayotte, vous en aurez toujours assez... »

Le Vieux allait répondre sans doute et

chercher à annuler le pacte ; mais son fils lui imposa silence impérieusement.

« Taisez-vous, père, et écoutez... vous qui avez l'oreille fine. »

Un bruit lointain s'était fait entendre.

« Il me semble, dit le Vieux, qui en effet avait une finesse d'ouïe extraordinaire, il me semble que j'entends marcher dans l'allée du *chêne tordu*; comme il gèle, la terre est sonore... »

La Mayotte s'approcha de la porte et prêta l'oreille à son tour.

« Moi aussi, dit-elle, j'entends marcher... ils sont plusieurs... mais ils sont loin !

— Je vais sortir, reprit le Vieux.

— Non, répondit Nicolas. Restez là au contraire, père, avec la Mayotte.

— Et toi? demanda le Vieux, voyant le fils se lever.

— Moi, je vais me coucher...

— Pourquoi.

— Parce qu'il ne faut pas effaroucher la pratique. Je suis un homme, moi, j'ai les épaules larges, j'ai mauvaise mine... ça pourrait leur donner des doutes... tandis qu'en voyant un vieux et une femme, ils seront rassurés.

— Mais, dit le vieux, vous savez donc qui va venir, vous autres ?

— Oui.

— Pourquoi ne me l'avez-vous pas dit ?

— C'est la Mayotte qui a voulu ça... histoire de rire...

— Alors, j'aurai mon tiers ?

— Non.... moitié..... puisque c'est dit. »

Le Vieux soupira de nouveau.

« Comme vous voudrez, dit-il. Quand on n'est pas le plus fort, il faut bien faire ce que les autres veulent... mais au moins vous allez tout me dire.

— Il le faut bien, dit la Mayotte, afin que vous ne fassiez pas de bêtises, petit père. »

Et la Mayotte prit son air le plus caressant.

« Vous vous souvenez de la nuit des gendarmes ? dit-elle.

— Si je m'en souviens !... Ah ! oui, murmura le Vieux... ils m'ont laissé pour mort, les gredins !

— Alors vous vous souvenez de la petite ?

— Oui, et du père Jérôme, donc ! un

fier homme, celui-là, et qui n'a pas des idées bêtes.

— Eh bien ! savez-vous qui nous attendons ?

— La petite...

— Non, son père et un de ses frères...

— Ah ! ah ! dit le Vieux, et ils sont *garnis*.

— Ce n'est pas ça... on prendra ce qu'ils

ont sur eux, ça va sans dire... mais il y aura autre chose.

— Quoi ?

— Dix mille livres de pot-de-vin servies par le Marseillais. »

Le Vieux jeta un cri rauque.

« Tiens ! qu'est-ce que vous avez ? dit la Mayotte. Est-ce que vous vous trouvez mal, petit père ?

— Non, mais je veux avoir mon tiers tout entier.

— Ce qui est dit doit-être dit ! répéta Nicolas Gourju avec dureté.

— Ah ! coquins que vous êtes, murmura le Vieux, vous me dépouillez. J'aurais eu trois mille trois cent trente-trois livres...

— Vous en aurez seize cent dix-sept, c'est déjà joli ! » répondit la Mayotte.

Le Vieux continuait à soupirer.

« Mais écoutez donc, reprit la Mayotte, il faut bien que je vous fasse votre leçon.

— Allons! parle...

— C'est donc le père et le frère de la petite qui vont venir, censé pour attendre

Jérôme, un si bon serviteur !..

— C'est vrai, ricana le vieux.

— Mais vous, continua la Mayotte, vous,

le Vieux ; vous venez de Paris, et vous avez

vu Jérôme.

— Ah ! bon,..

— Jérôme ne peut venir que demain matin. Au petit jour, il sera ici...

— Et il les prendra au saut du lit, dit Nicolas Gourju avec un rire atroce.

— Ah ça, fit le Vieux, c'est très-joli ça ; mais comment allons-nous les expédier, ceux-là ?

— On mettra le père dans la chambre, en haut, où est la poutre.

— Et le fils ?

— Celui-là on le fera coucher là, dans le cabinet, où est la trappe de la cave. Quand la trappe aura joué, nous aurons bientôt fait l'affaire du père. »

Le Vieux hocha la tête.

« C'est drôle, dit-il ; mais je n'aime pas le moyen de la trappe...

— Pourquoi donc ça ?

— Parce que c'est rare qu'ils se tuent roide. Il faut toujours descendre les achever à coup de merlin.

— Eh bien ! qu'est-ce que ça fait ?

— Comment ? qu'est-ce que ça fait, si quelqu'un passe sur la route en ce moment-là ?.. la cave est profonde, mais les cris d'un homme qu'on tue, c'est perçant, ça traverse la terre.

— Bah ! dit maître Nicolas, il se tuera

sur le coup... J'ai mis des tessons de bouteille...

— Et le père ?

— C'est moi que ça regarde, répondit froidement Nicolas.

— Il paraît, fit la Mayotte d'un air aimable, que je n'aurai rien à faire; je serai pour la conversation, moi.

— Tu les enjôleras...

— Oh! soyez tranquille, ils souperont bien... J'ai rapporté des saucisses de Paris, du lard, des œufs, et tout le tremblement. On leur fera un souper d'aristocrates. C'est le Marseillais qui paye... et il paye bien, vous savez... »

Mais le Vieux continuait à être morose.

« Eh! les enfants, dit-il tout à coup, où est *Jacquemard* ? »

Jacquemard était le nom du vieux corbeau qui vivait, apprivoisé, depuis trente années dans l'auberge et lui avait donné son nom.

Jacquemard errait en liberté dans la forêt pendant le jour, tantôt perché sur les arbres du voisinage, tantôt allant au loin chercher sa provende ; mais, chaque soir, il revenait, se perchait dans un coin, sur le dos d'une chaise ou sur l'angle d'un bahut, quand il ne venait pas sommeiller au coin du feu.

« Jacquemard ? dit la Mayotte, eh bien, le voilà... »

Et elle montra l'oiseau sinistre qui dormait, la tête sous son aile, sur un bâton planté dans le mur exprès pour lui.

— C'est drôle ! grommela le Vieux.

— Quoi drôle ?

— Généralement, reprit le père Gourju, quand il doit y avoir de la besogne ici Jacquemard va et vient, trottine sur la table, passe dessous, remue les cendres avec son bec et va picorer dans le baquet aux ordures.

— Vous avez remarqué ça, père ?

— Oui, et aujourd'hui, Jacquemard dort. Ça ne sera pas pour aujourd'hui.

— Taisez-vous donc, vieux bavard, et écoutez... » dit Nicolas.

Tous trois prêtèrent l'oreille de nouveau. Cette fois les pas étaient distincts ;

et bientôt deux voix contenues arrivèrent jusqu'à la Mayotte et ses deux compagnons.

En même temps, le corbeau secoua l'aile, redressa la tête, se laissa tomber du perchoir et vint trotter dans la salle.

« Je m'étais trompé, dit le Vieux. Ça sera bien pour ce soir.

— Chut ! » fit Nicolas Gourju.

Il alla dans un coin et y prit un énorme marteau de casseur de pierres. C'était son arme favorite.

« Je ne frappe jamais deux coups, dit-il, un seul suffit. »

Et il se dirigea vers l'escalier qui conduisait à l'unique étage de la maison.

Le Vieux se remit à fumer sa pipe.

Les pas approchaient, les voix devenaient distinctes.

Enfin on frappa à la porte.

Maître Nicolas Gourju avait disparu.

La Mayotte demanda au travers de la porte :

« Qui est là ?

— Deux pauvres marchands colporteurs, répondit une voix.

— D'où venez-vous ?

— De bien loin.

— Connaissez-vous quelqu'un par ici ?

— Le citoyen Jérôme,

— C'est eux, » murmura la Mayotte.

Elle posa un doigt sur ses lèvres, regarda le Vieux d'un air significatif et ouvrit.

Deux hommes entrèrent.

— En ce moment, le corbeau se prit à croasser d'une façon sinistre.

FIN DU TROISIÈME VOLUME

Wassy. — Imp. Mougin-Dallemagne.

EN VENTE :
LES DEMOISELLES DE MAGASIN
Roman entièrement inédit, par CH. PAUL DE KOCK.

LES BOHÉMIENS DE LONDRES
par le vicomte PONSON DU TERRAIL, auteur de : Coquelicot, les Etudiants de Heidelberg, Amaury le vengeur, etc.

LE MENDIANT DE TOLÈDE
par MOLÉ-GENTILHOMME et C. GUÉROULT, auteurs de : Roquevert l'arquebusier, Robert le ressuscité, etc.

LE BATARD DU ROI
CLÉMENCE ROBERT, auteur de : les Bateleurs de Paris, Daniel le Laboureur, Nena-Saïb, la Tour Saint-Jacques, etc.

LES BUVEURS D'ABSINTHE
HENRY DE KOCK, auteur de : les Démons de la mer, la Haine d'une Femme, Morte et Vivante, le Médecin des Voleurs.

BOB LE PENDU
par XAVIER DE MONTÉPIN auteur de : les Métamorphoses du Crime, les Compagnons de la Torche, le Parc aux Biches, Un Amour maudit, les Marionnettes du Diable, etc.

ÉCOLIERS ET BANDITS
Drames du vieux quartier latin, par EDOUARD DEVICQUE, auteur de : le Chevalier de la Renaudie, etc., etc.

Wassy. — Imp. de Mougin-Dallemagne.